Rosemarie Mächel

Sternen-zauber

Einfach aus Butterbrottüten

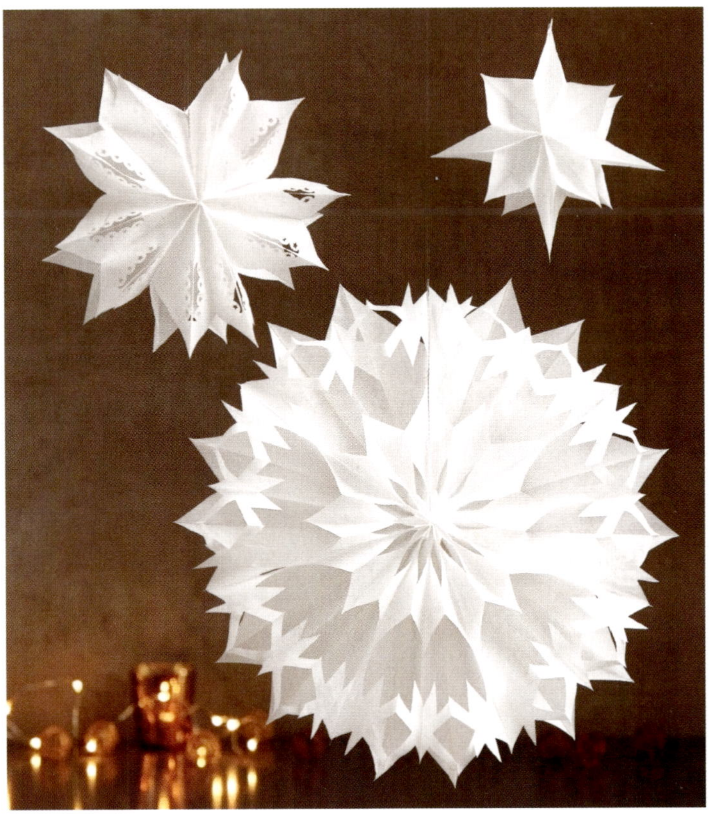

Inhalt

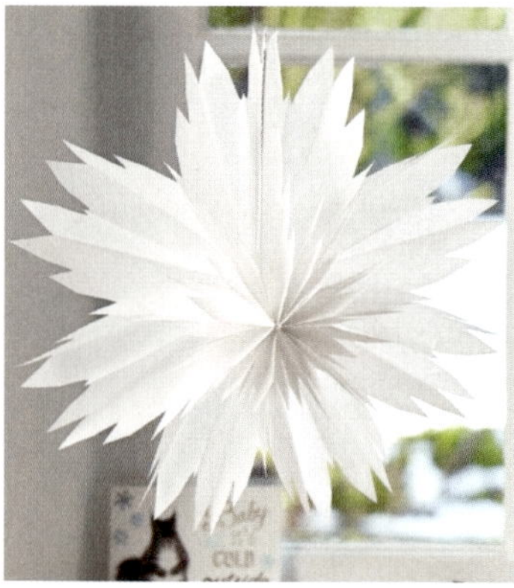

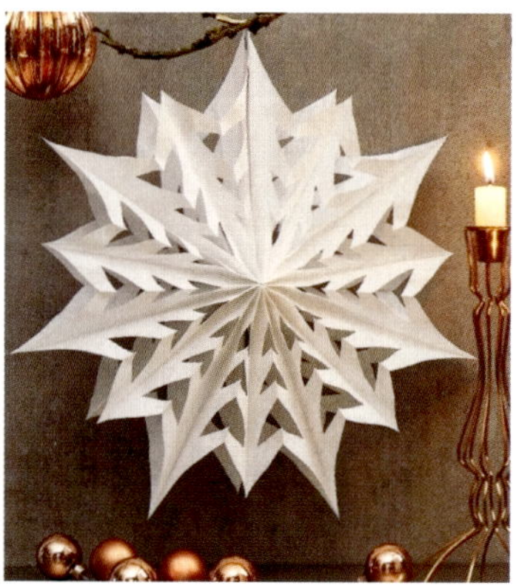

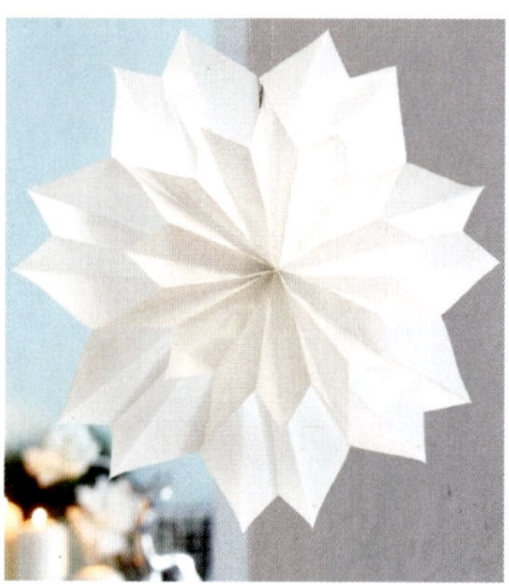

Zauberhafte Weihnachtssterne

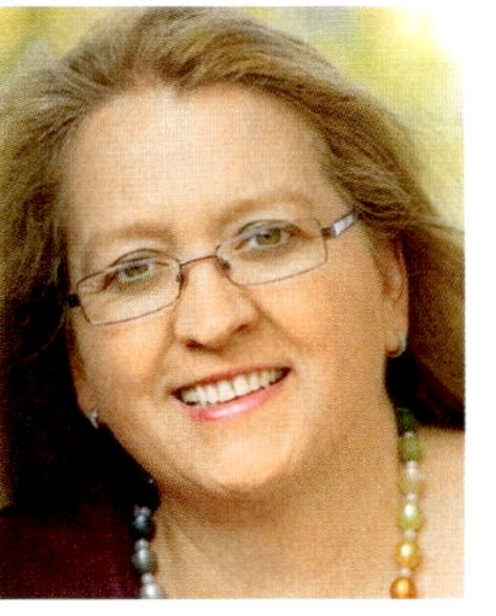

Sterne gehören zur Advents- und Weihnachtszeit unbedingt dazu. Sie sorgen für eine festliche Stimmung und sind immer wieder schön anzuschauen.

Diese Sterne aus Butterbrotpapiertüten sind in zweifacher Hinsicht etwas ganz Besonderes: In ihrer weißen Zartheit sehen sie prächtig und gleichzeitig edel aus, und mit den Vorlagen in Originalgröße ist jeder einzelne Stern sehr leicht nachzuarbeiten. Auch Kinder können diese schönen Sterne basteln. Außerdem sind Papiertüten, Schere und Klebstoff meist in jedem Haushalt vorhanden und man kann sofort loslegen.

Zusammengefaltet sind sie einfach mit der Weihnachtspost zu verschicken und bereiten so der Familie und lieben Freunden als ganz besonderes Geschenk viel Freude.

Nach Weihnachten können die Sterne wieder zusammengelegt und in der Weihnachtskiste bis zum nächsten Jahr aufbewahrt werden.

Lassen Sie sich von meinen Sternen inspirieren und probieren Sie weitere Muster aus!

Ich wünsche Ihnen und ihren Kindern viel Spaß beim kreativen Basteln an den kalten Winterabenden!

Ihre R. Mädel

So geht's

Papiertüten

Die Vorlagen passen für Tüten, die 11 cm breit sind. Breitere oder schmalere Tüten sind auch geeignet, siehe „Grundanleitung". Je schmaler die Tüten sind, umso schöner werden die Sterne!
Wichtig bei der Wahl der Tüten ist es, dass sie je eine Falte an den Seiten und keinen ausgeprägten Boden haben.

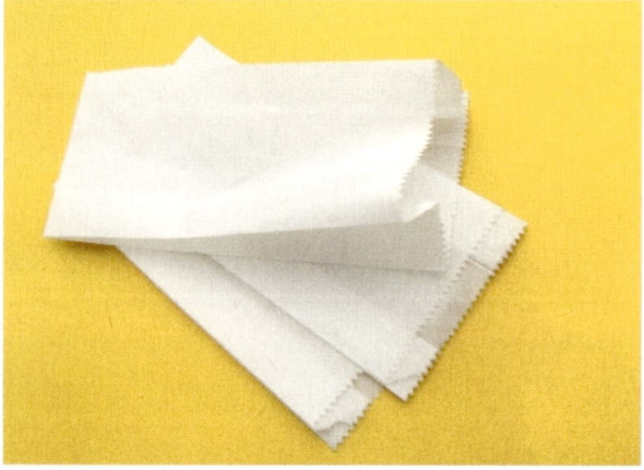

Weitere Materialien & Hilfsmittel:

- Pauspapier
- Weißer Tonkarton
- Bleistift
- Schere
- Alleskleber
- Tacker
- Zackenschere
- Motivlocher
- Randlocher
- Wäscheklammern
- Locher oder Lochzange
- Nylonfaden

Tipp

Keinen wasserlöslichen Klebstoff verwenden, da sich das Papier dann wellt.

Vorlagen übertragen

Zum Übertragen der Vorlagen am besten eine Schablone erstellen. Pauspapier auf die Vorlage legen und die Linien, auch den Stabilisierungsstreifen, mit einem Bleistift nachzeichnen oder die Vorlage kopieren. Die Vorlage auf Tonkarton kleben und ausschneiden.

Zeichenerklärung:

.....	**Stabilisierungsstreifen**
-----	**Klebelinie**
-·-·-·-·-	**Klebelinie und Stabilisierungsstreifen**

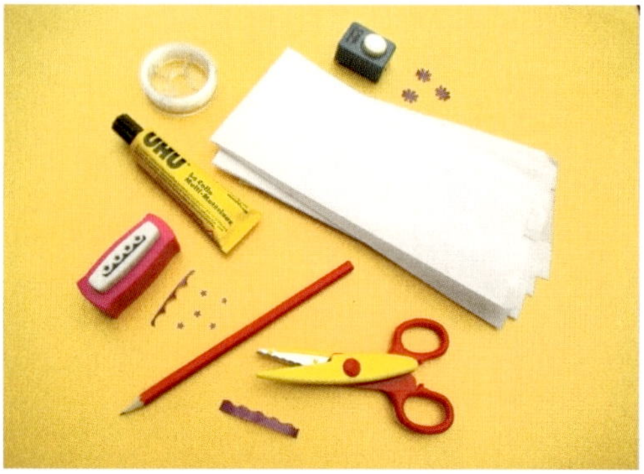

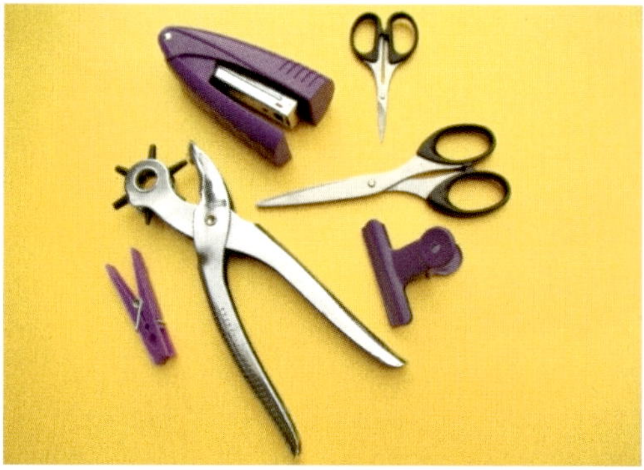

Grundanleitung

Die Schablone auf die Papiertüte legen. Dabei darauf achten, dass die geschlossene Seite der Tüte unten liegt. Nun mit einem Bleistift die Schablone umfahren, Klebelinie und Stabilisierungsstreifen übertragen und Kontur und Muster ausschneiden. Bei einigen Sternen den Rand mit dem Motivlocher vorsichtig ausstanzen. Jede einzelne Tüte auf diese Weise zuschneiden. Es

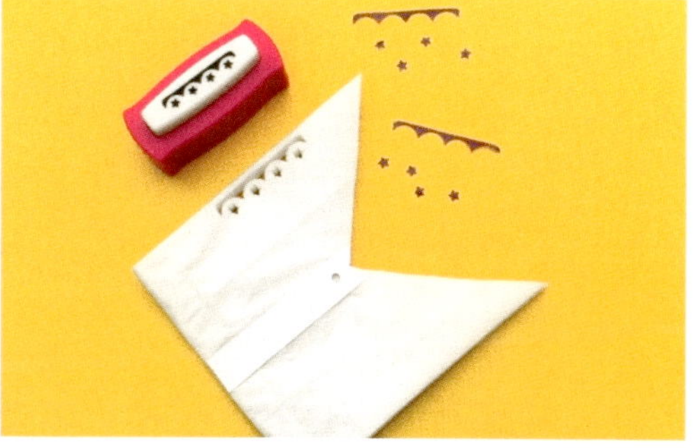

lohnt sich, genau zu arbeiten, damit die Tüten später gut aufeinander passen!
Ist die Papiertüte breiter oder schmaler als die Schablone, die Schablone jeweils am rechten und linken Rand anlegen und die Konturen aufzeichnen. Eventuell müssen die schrägen Linien verlängert werden.
Jeweils am unteren Rand und einmal senkrecht in der Mitte Klebstoff auftragen. Nun die Tüten nach und nach, jeweils mit der gleichen Seite nach oben, passgenau aufeinanderkleben. Es gibt auch Modelle, die mehrere Klebelinien haben, diese sind dann extra gekennzeichnet.
Auf der Vorderseite der ersten Tüte und auf der Rückseite der letzten Tüte jeweils einen Stabilisierungsstreifen, wie eingezeichnet, aufkleben, meist mittig oder auch an der rechten Seite.
Die Tüten entweder mit Wäscheklammern fixieren oder mit Büchern beschweren.
Nach ein paar Minuten kann der Stern aufgeklappt werden.

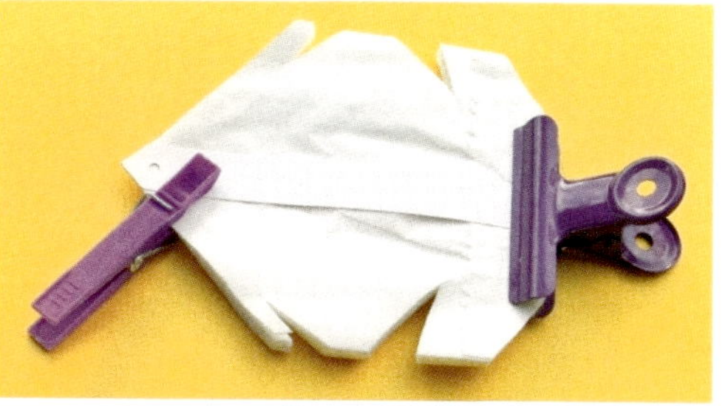

Oben in die beiden Stabilisierungsstreifen, wie eingezeichnet, jeweils ein Loch stanzen. Den Nylonfaden durchfädeln und verknoten.

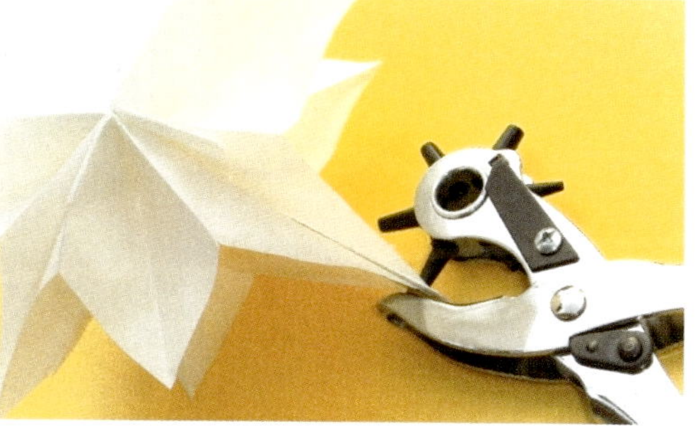

Um den Stern fürs nächste Jahr zu verwahren, einfach den Nylonfaden durchschneiden, den Stern zusammenfalten und in eine Klarsichthülle legen.

Tipp

Wer schon etwas Bastelerfahrung hat, kann die Schablone auf eine Papiertüte übertragen und dann drei Papiertüten außerhalb der Schnittlinien mit einem Tacker aufeinander fixieren. Dieser Dreierpack kann dann zusammen ausgeschnitten werden. Mit den restlichen Tüten ebenso verfahren bis die benötigte Anzahl der Tüten erreicht ist.

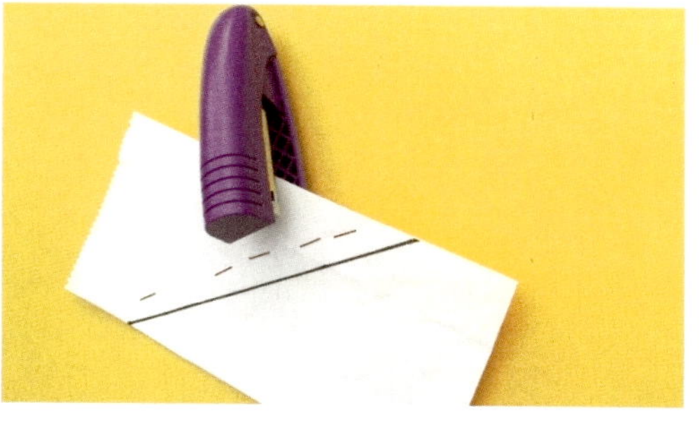

Nellis Stern

Etwa 40 cm Ø. Aus 7 Papiertüten

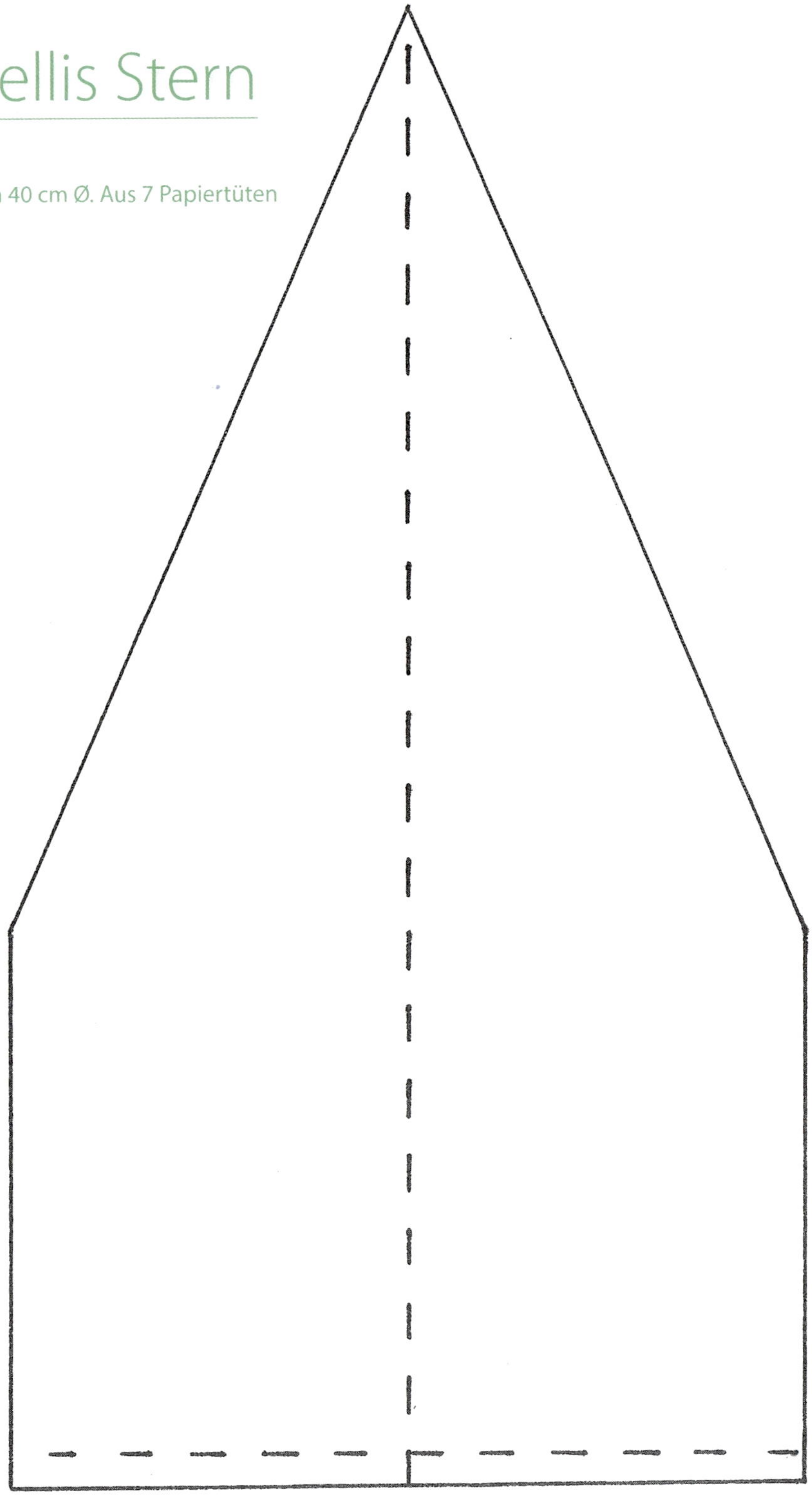

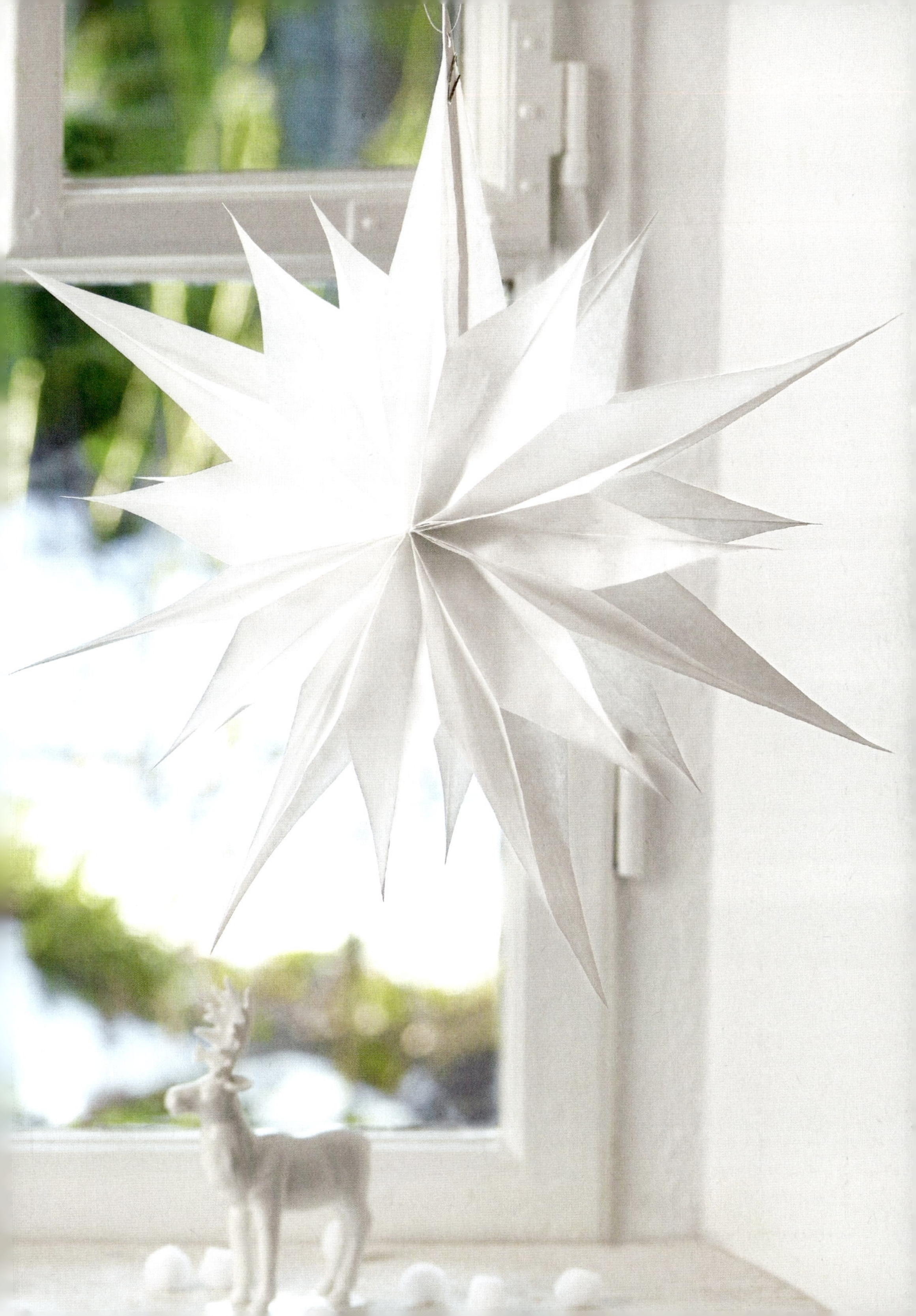

Zauberhafter Stern

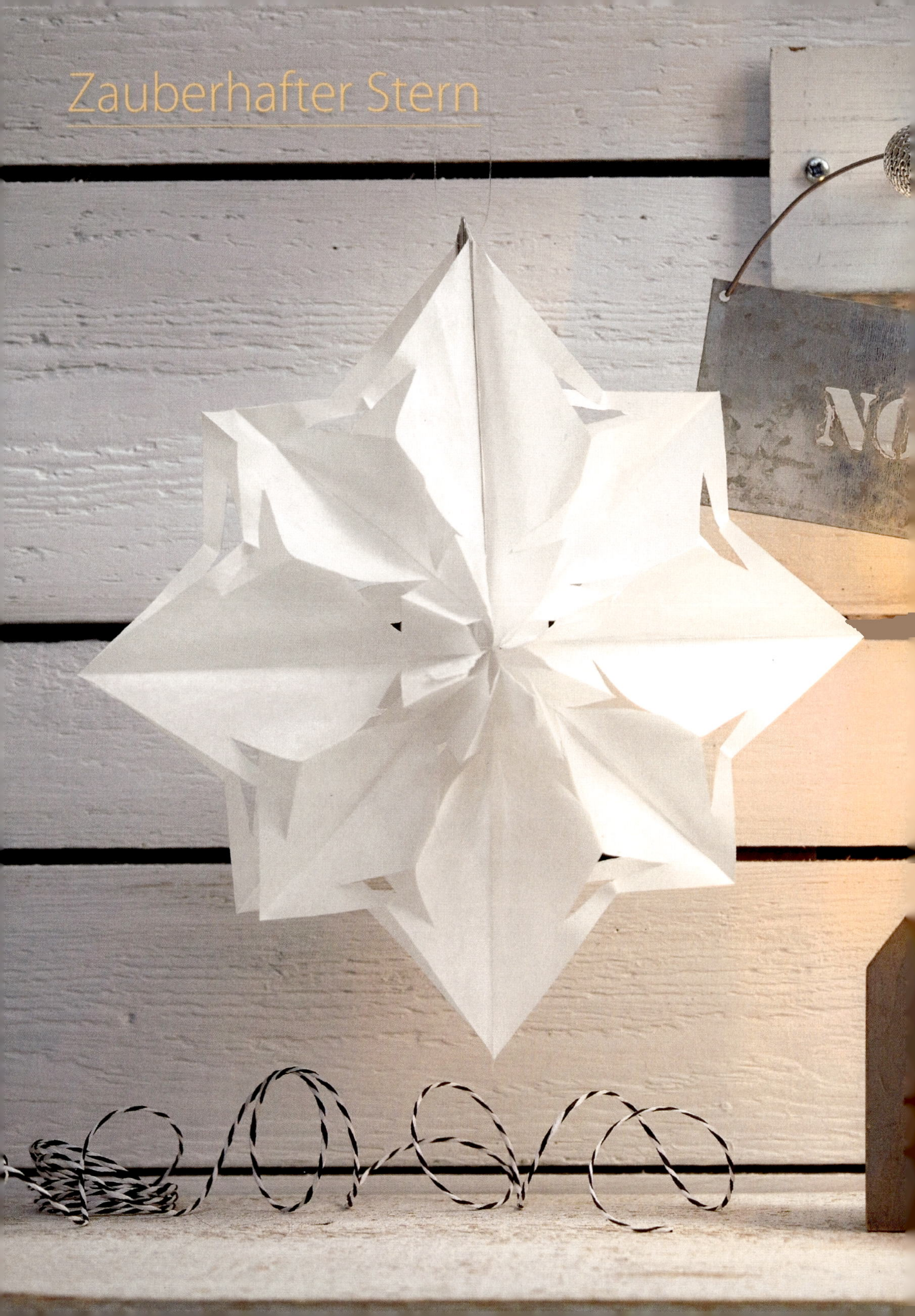

Musterstern

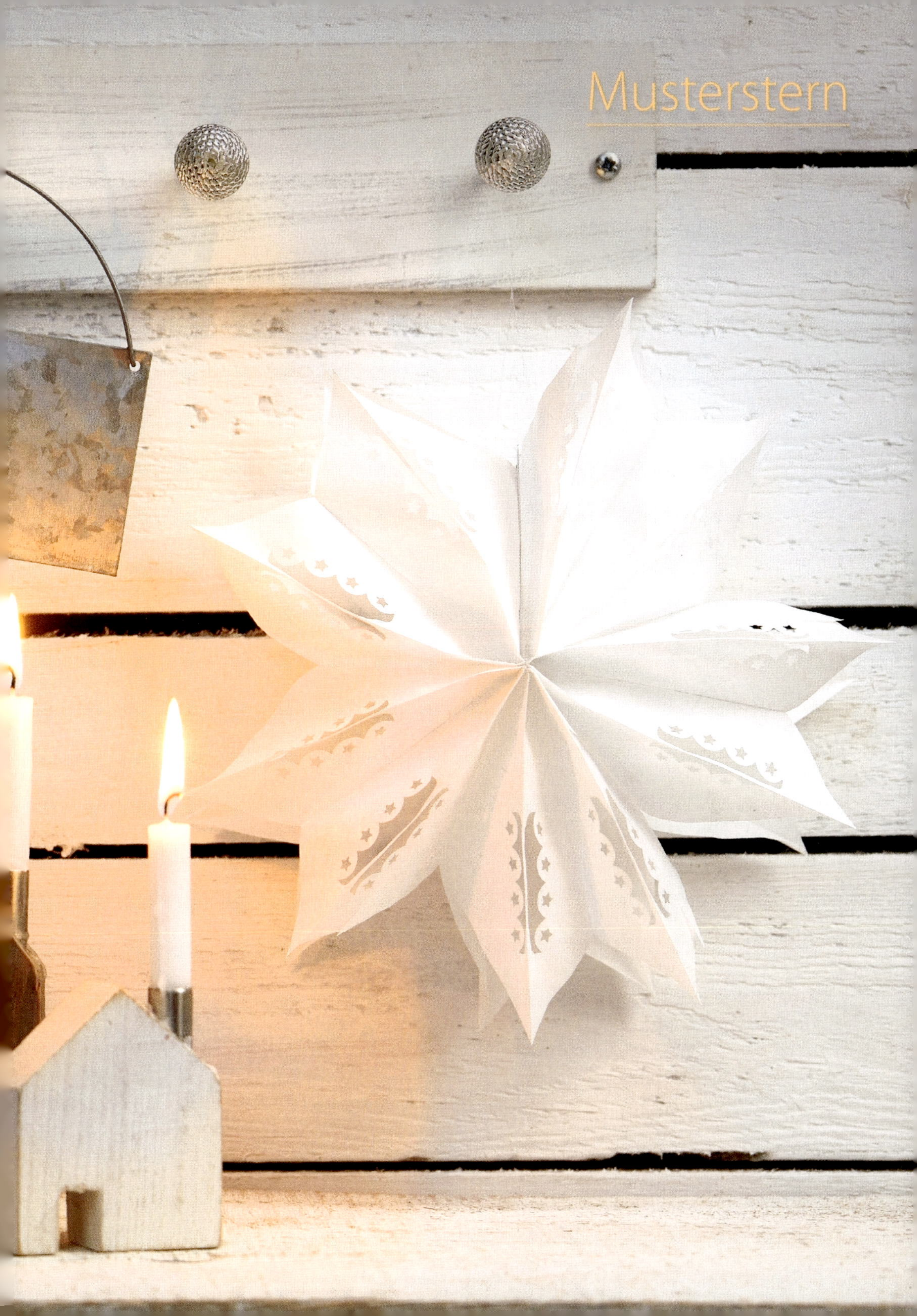

Zauberhafter Stern

Etwa 25 cm Ø. Aus 4 Papiertüten

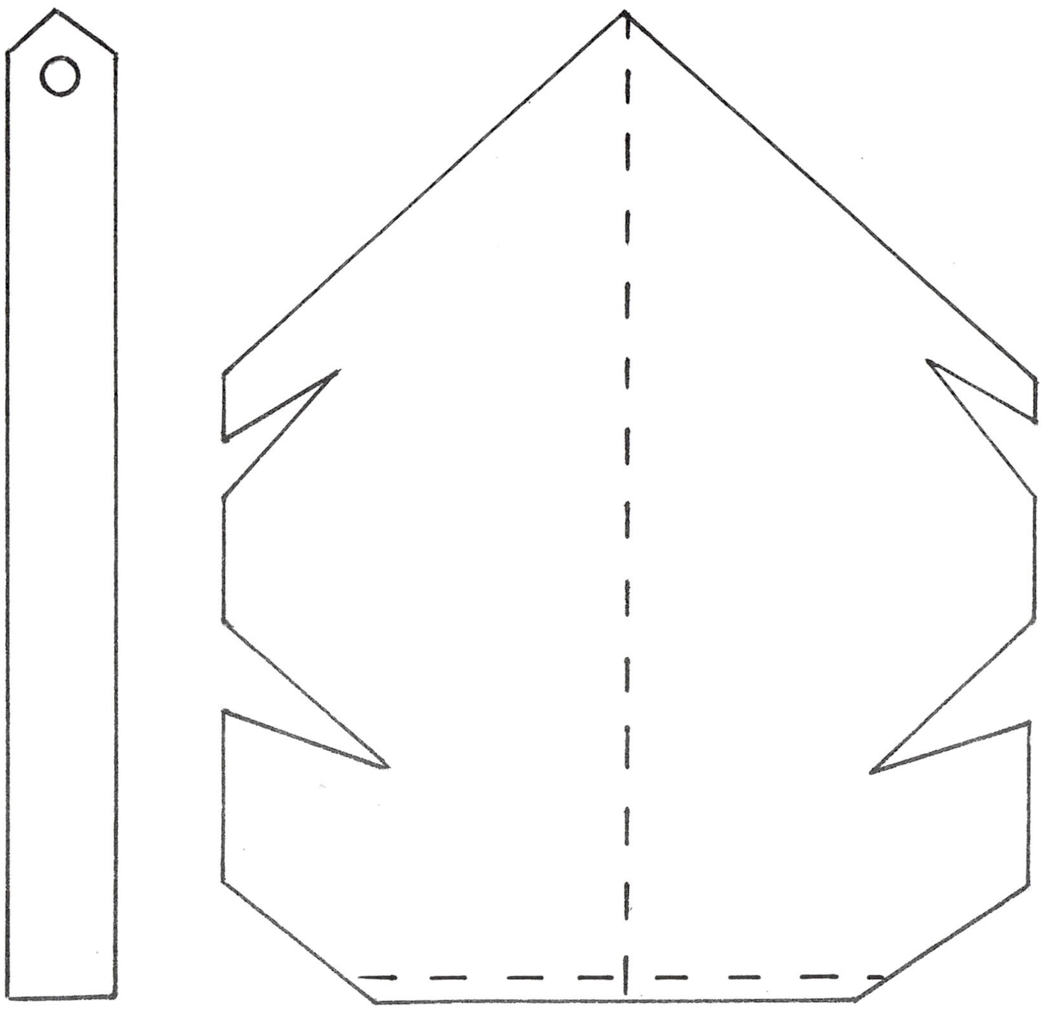

Musterstern

Etwa 24 cm Ø. Aus 6 Papiertüten

Der Musterstern wird mit einem Randlocher verziert. Dabei werden die Motive vorsichtig ausgestanzt.

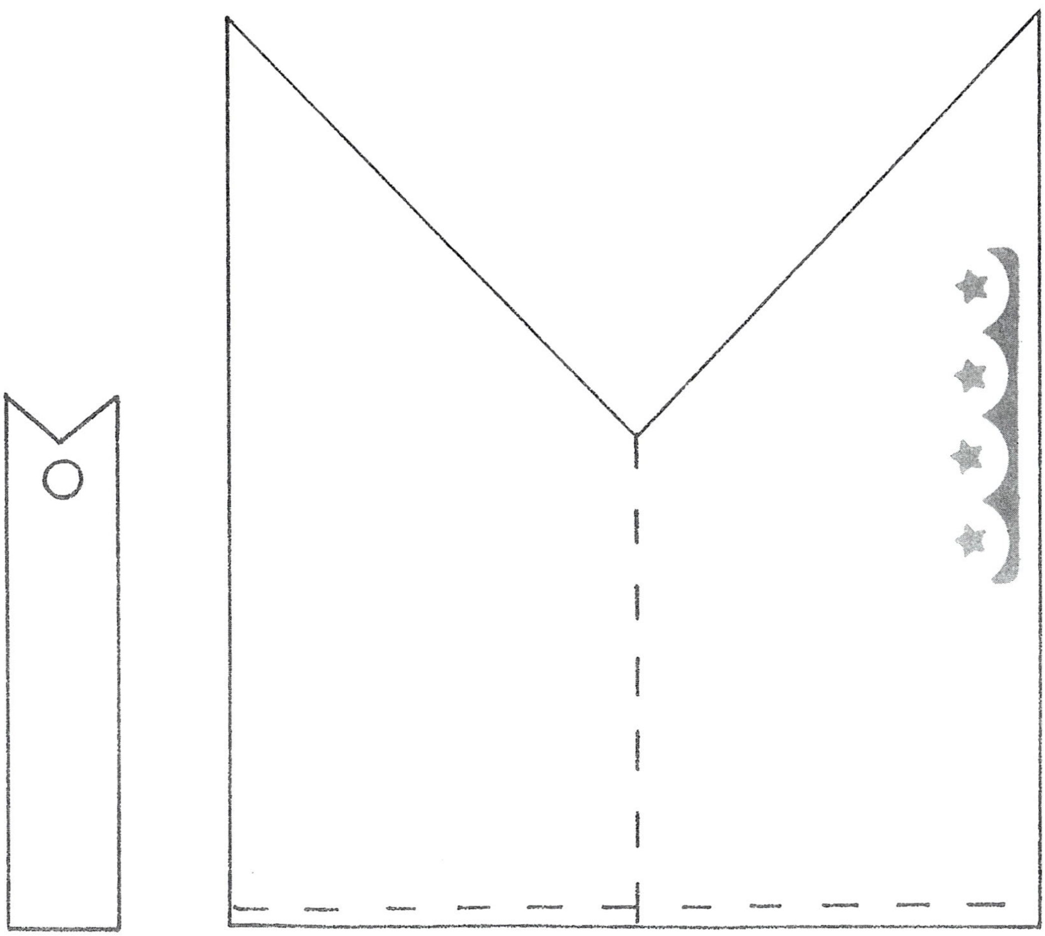

Rosettenstern

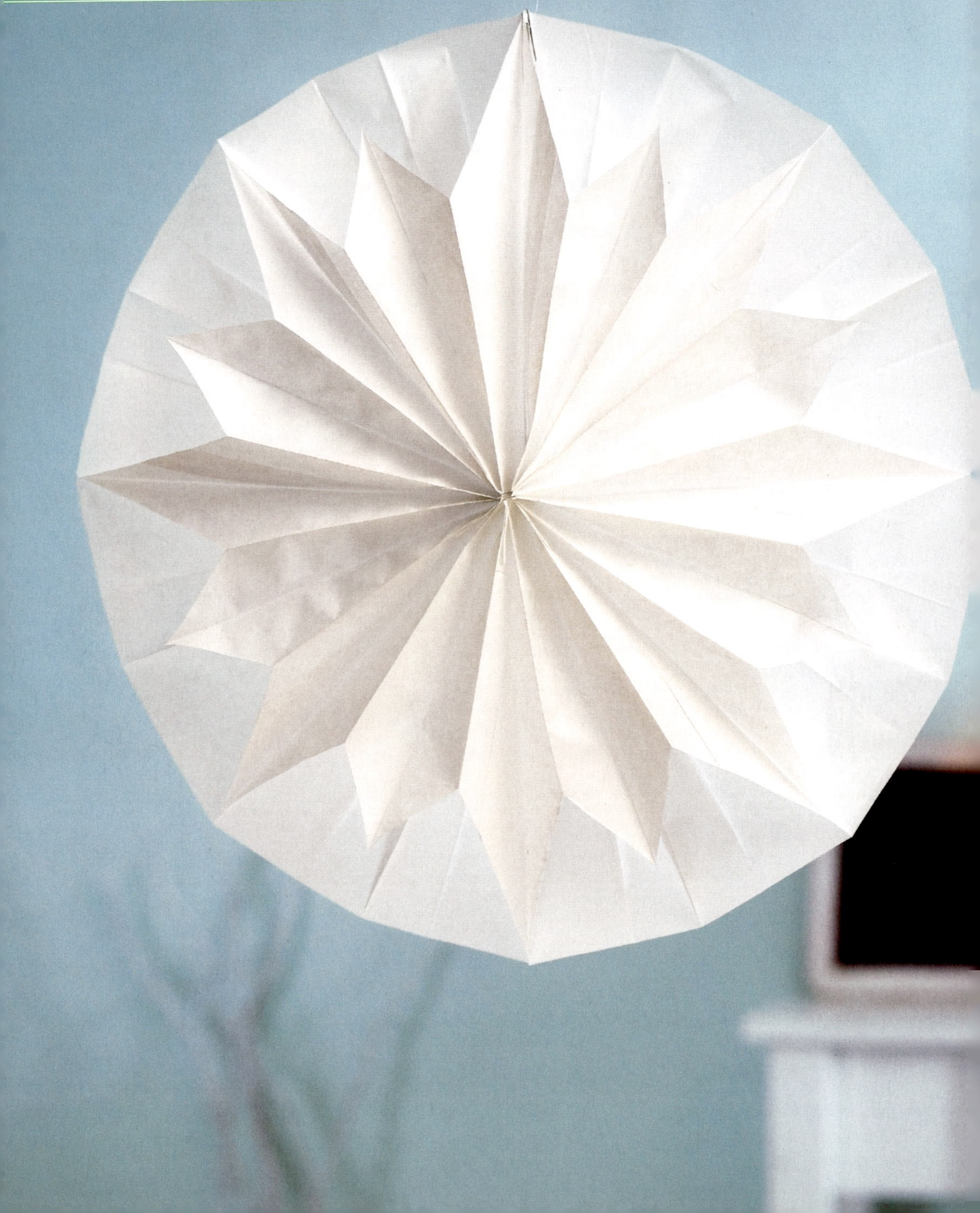

Festlicher Stern

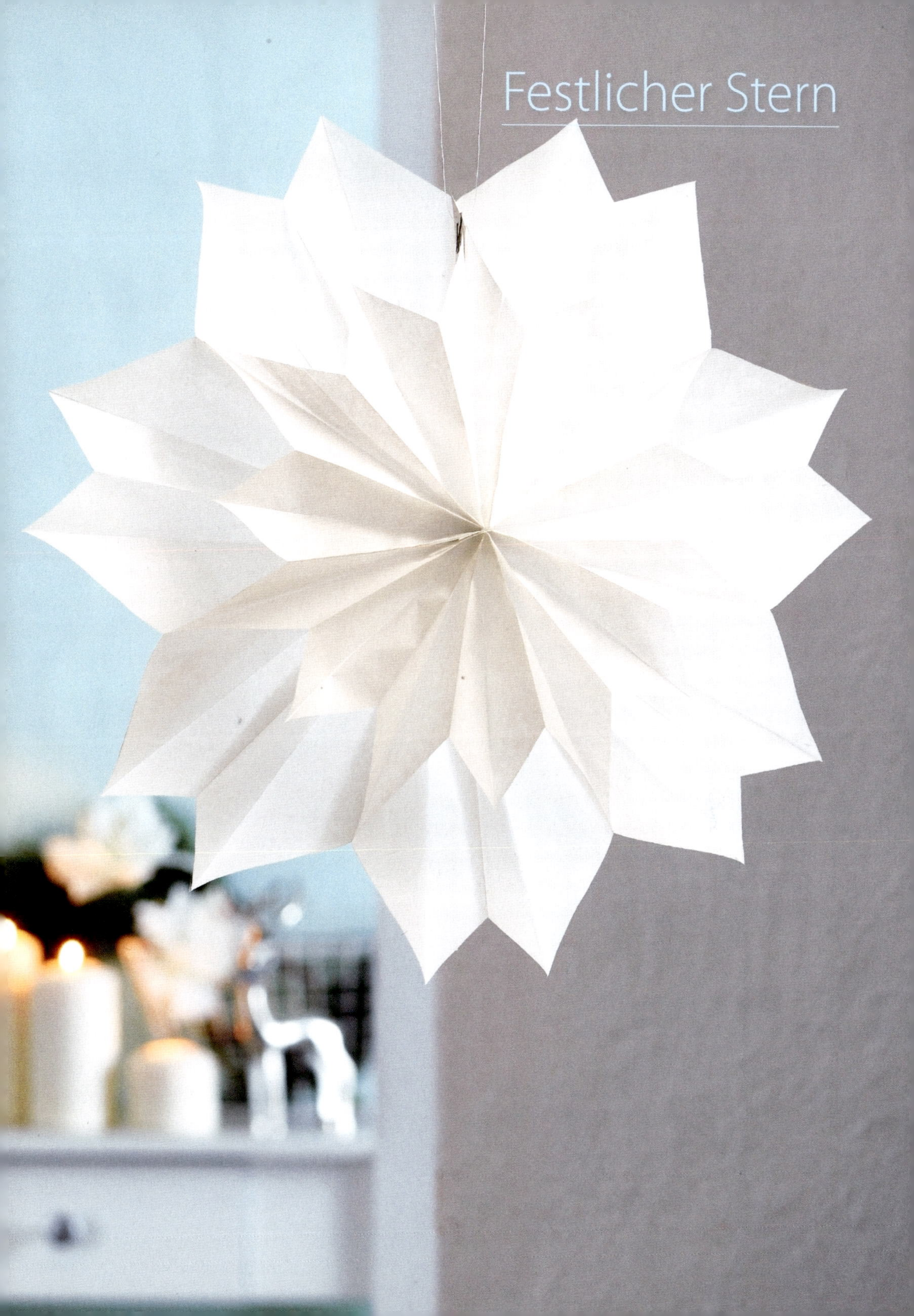

Rosettenstern

Etwa 38 cm Ø. Aus 8 Papiertüten

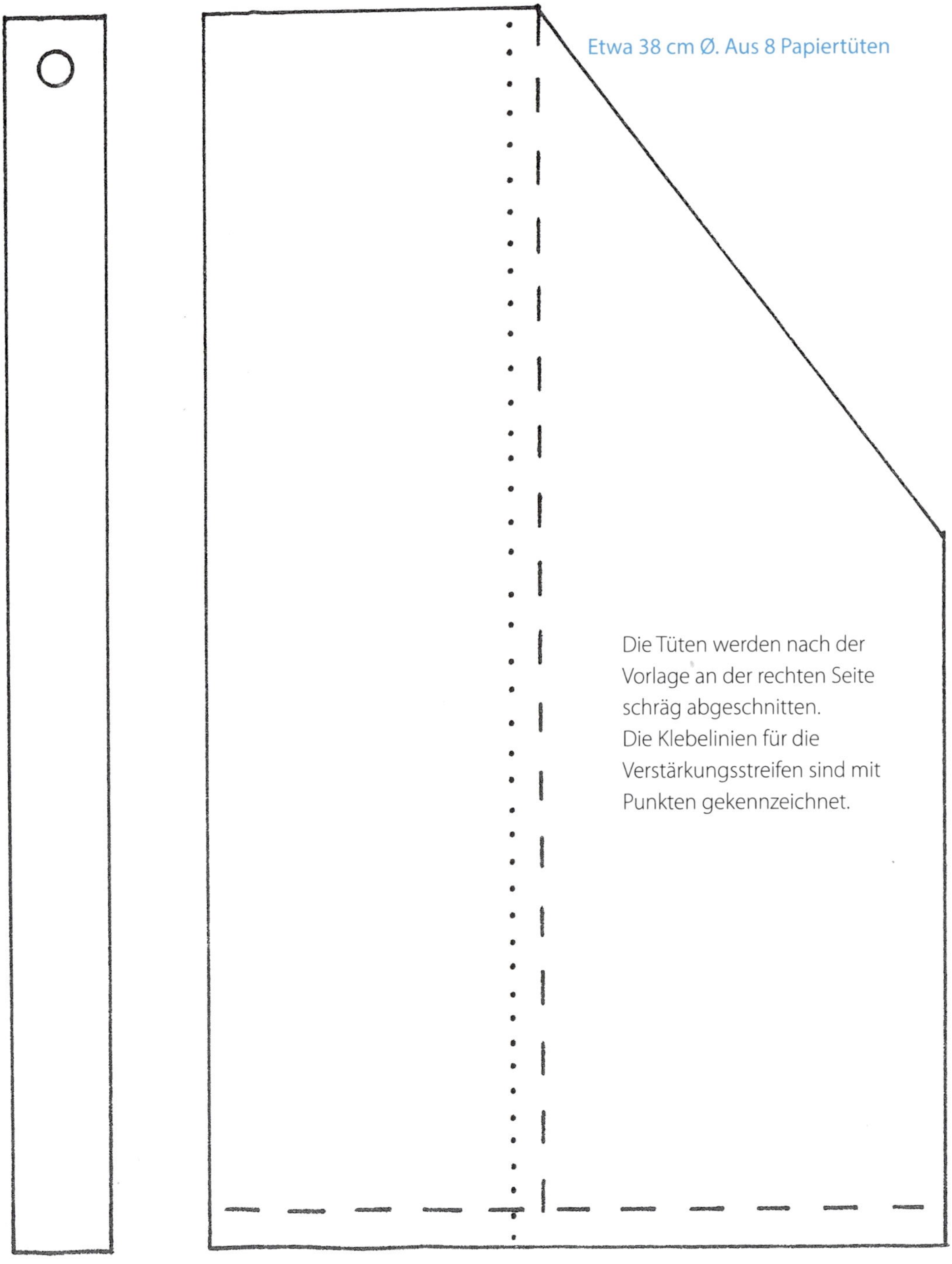

Die Tüten werden nach der Vorlage an der rechten Seite schräg abgeschnitten.
Die Klebelinien für die Verstärkungsstreifen sind mit Punkten gekennzeichnet.

Festlicher Stern

Etwa 38 cm Ø. Aus 7 Papiertüten

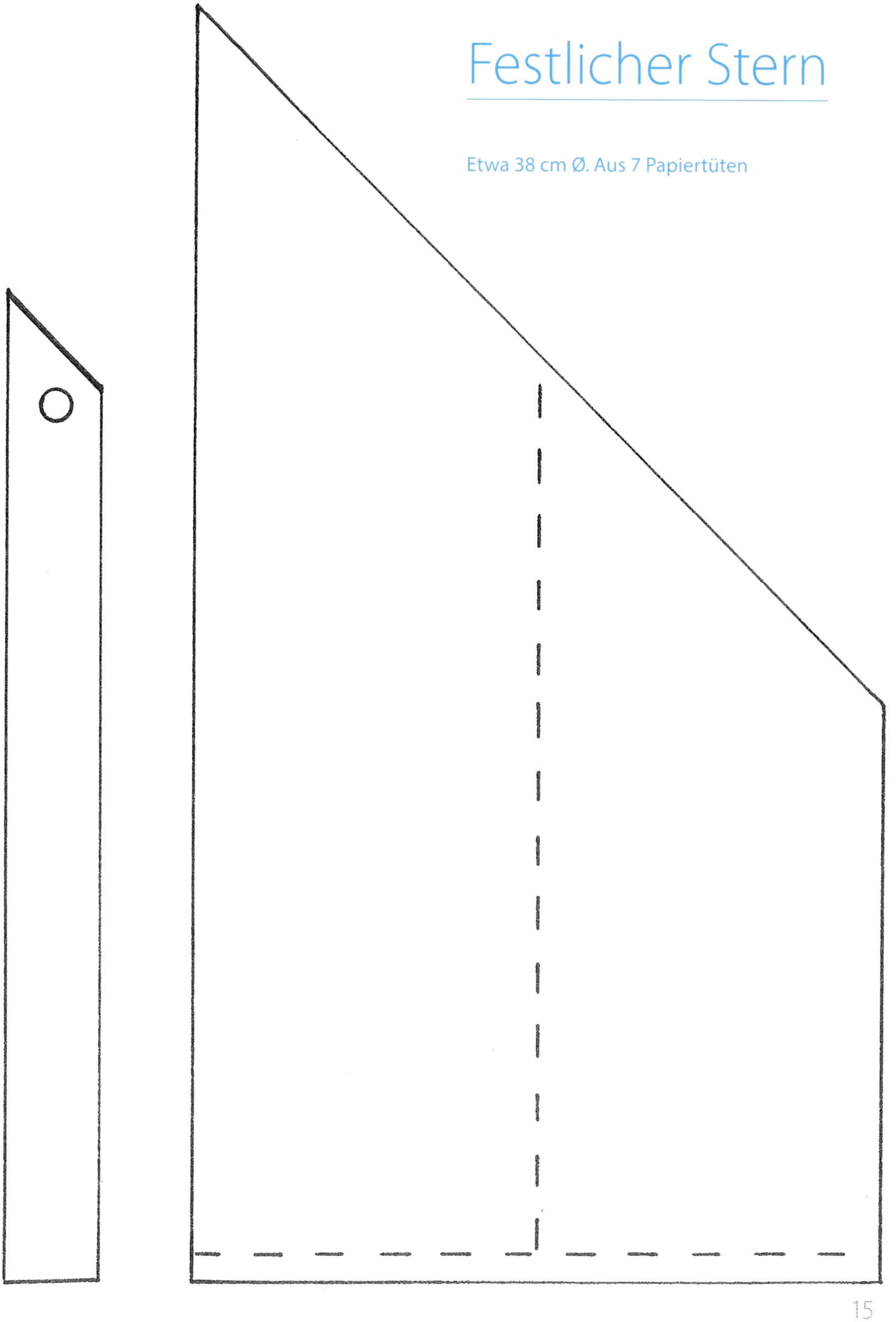

Fransenstern

Etwa 35 cm Ø. Aus 8 Papiertüten

Der Stabilisierungsstreifen befindet sich an der linken Seite.

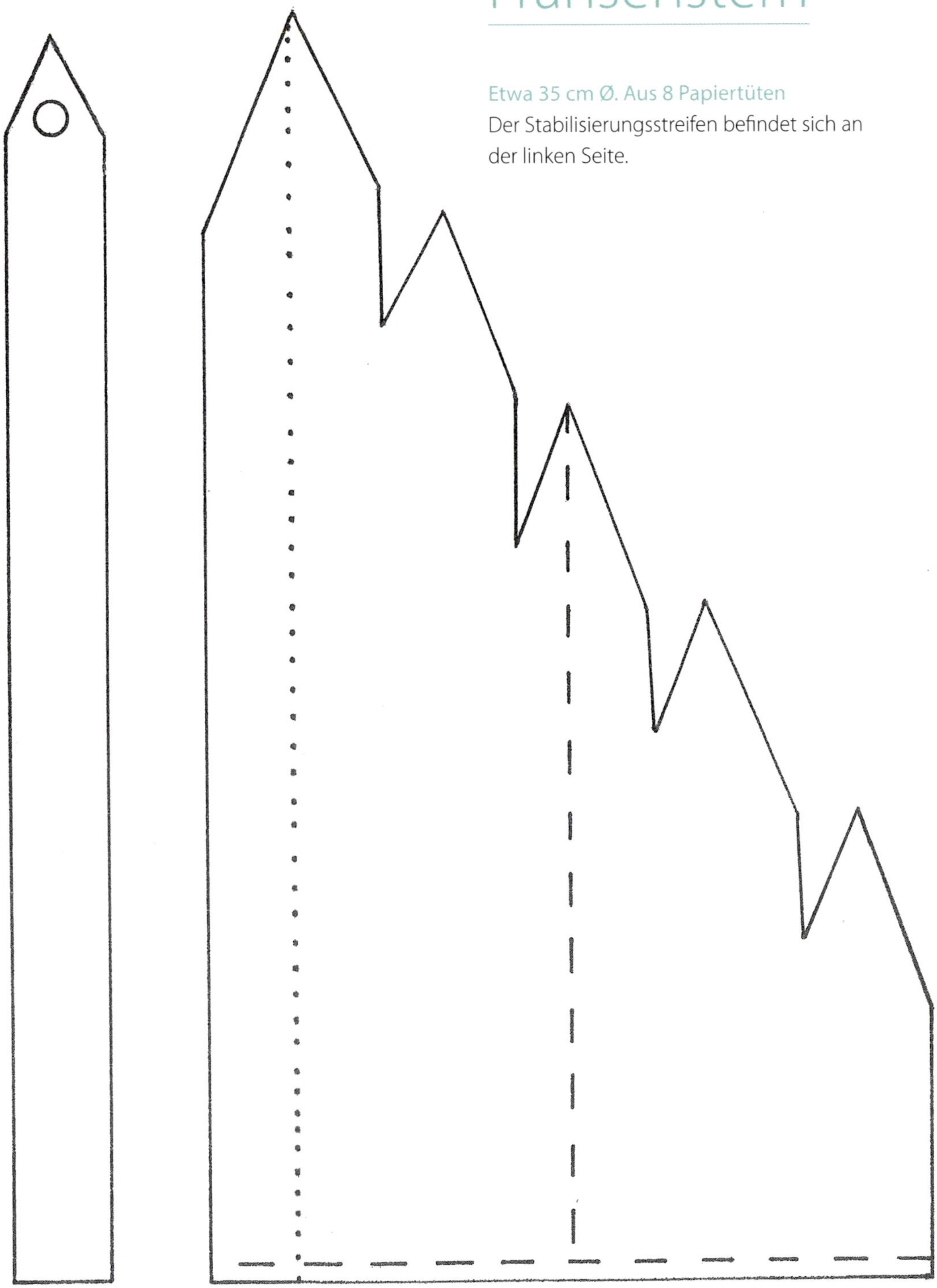

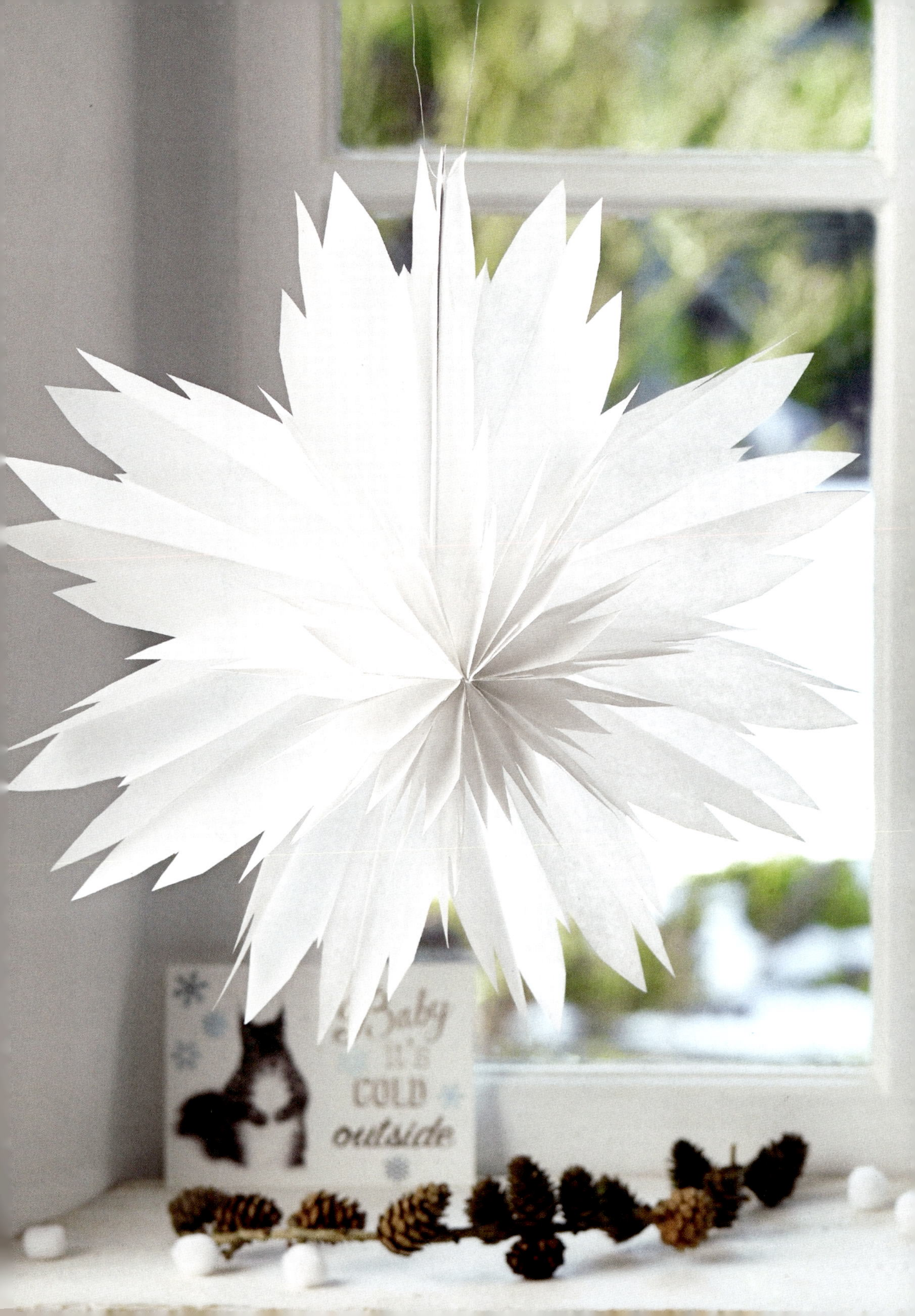
Baby
IT'S
COLD
outside

Zarter Stern

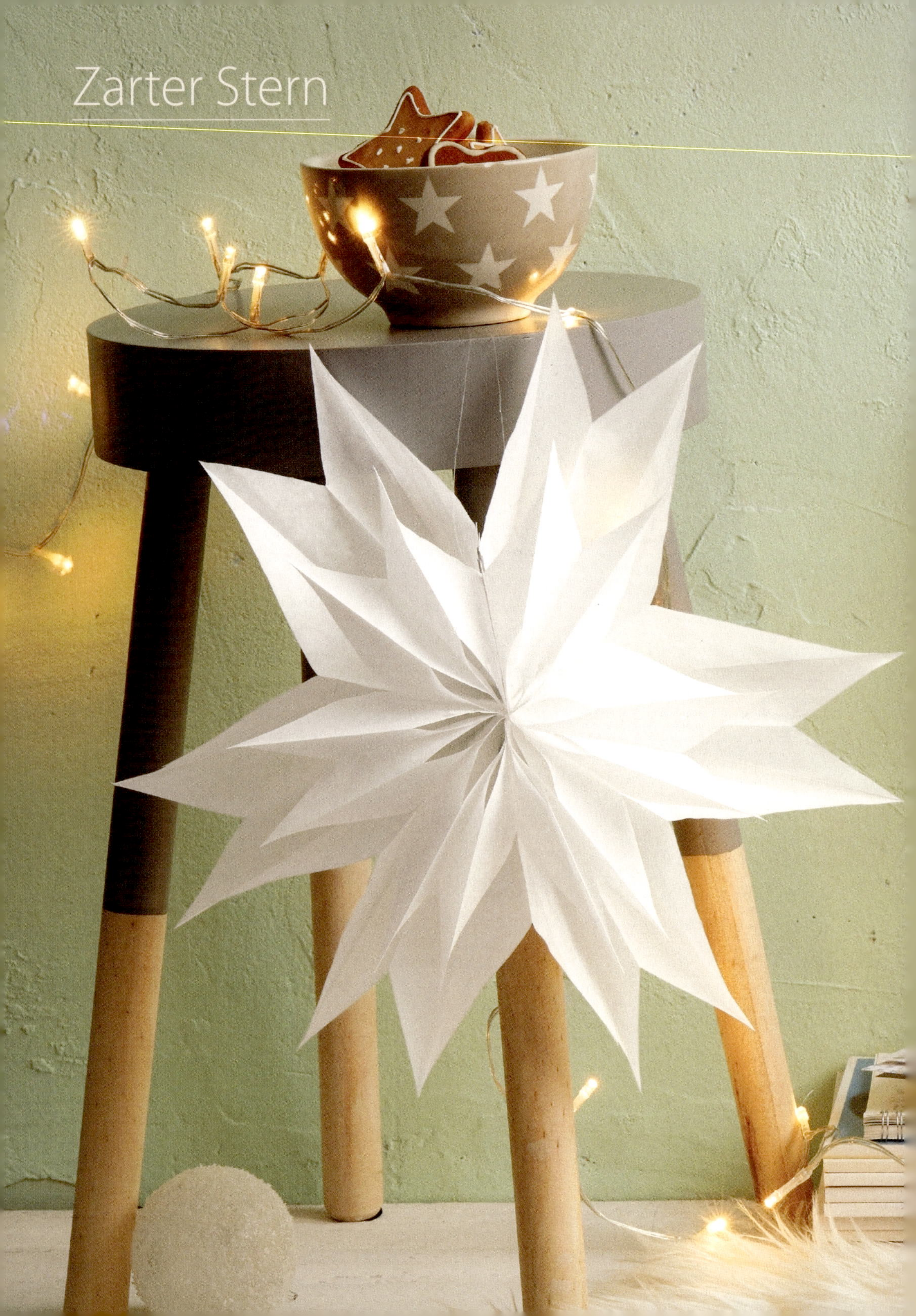

Sternenglanz

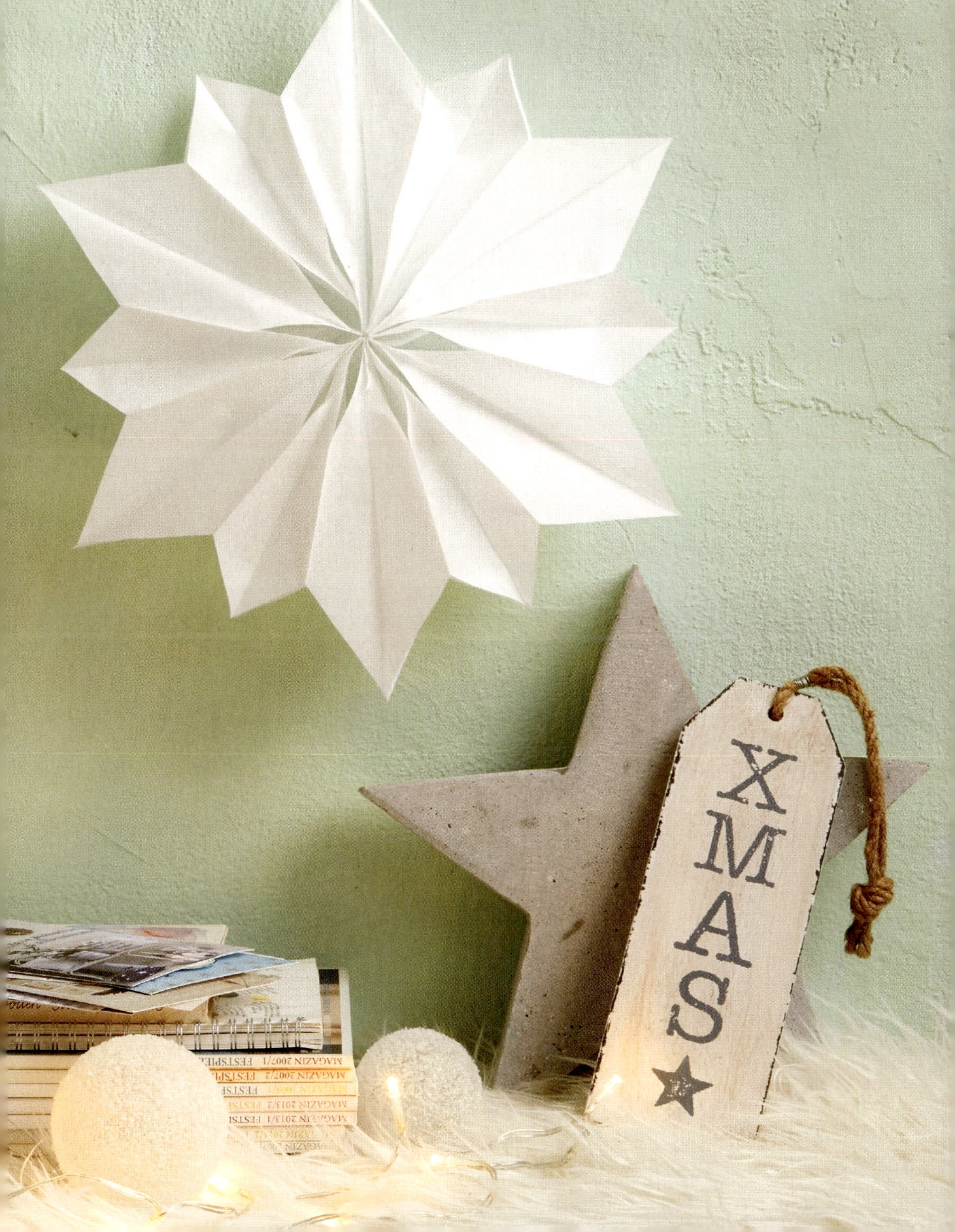

Zarter Stern

Etwa 40 cm Ø. Aus 6 Papiertüten
Die Verstärkungsstreifen werden leicht nach links versetzt aufgeklebt.

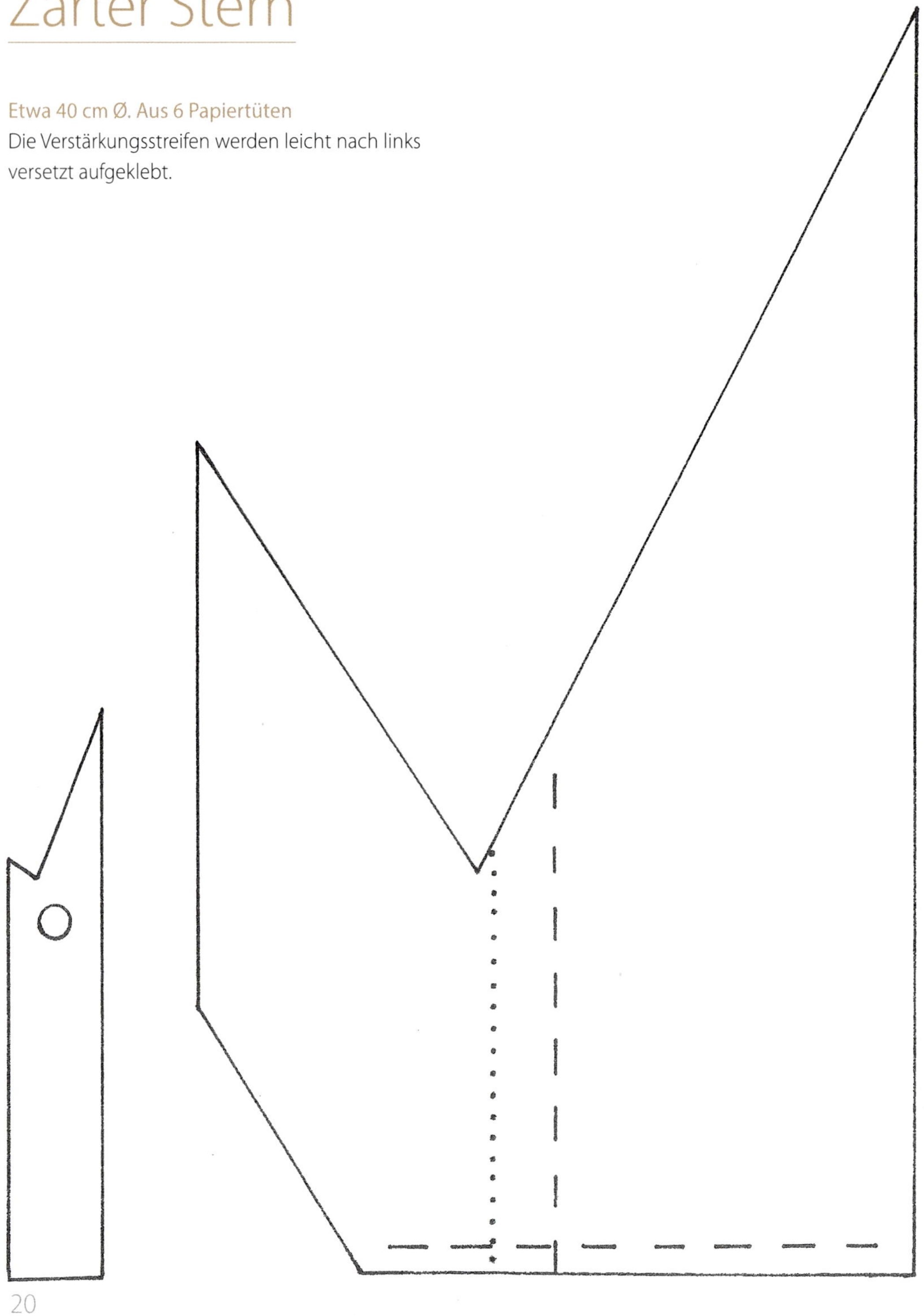

Sternenglanz

Etwa 35 cm Ø. Aus 6 Papiertüten
Bei diesem Stern werden jeweils auf beiden Seiten die Ecken abgeschnitten.

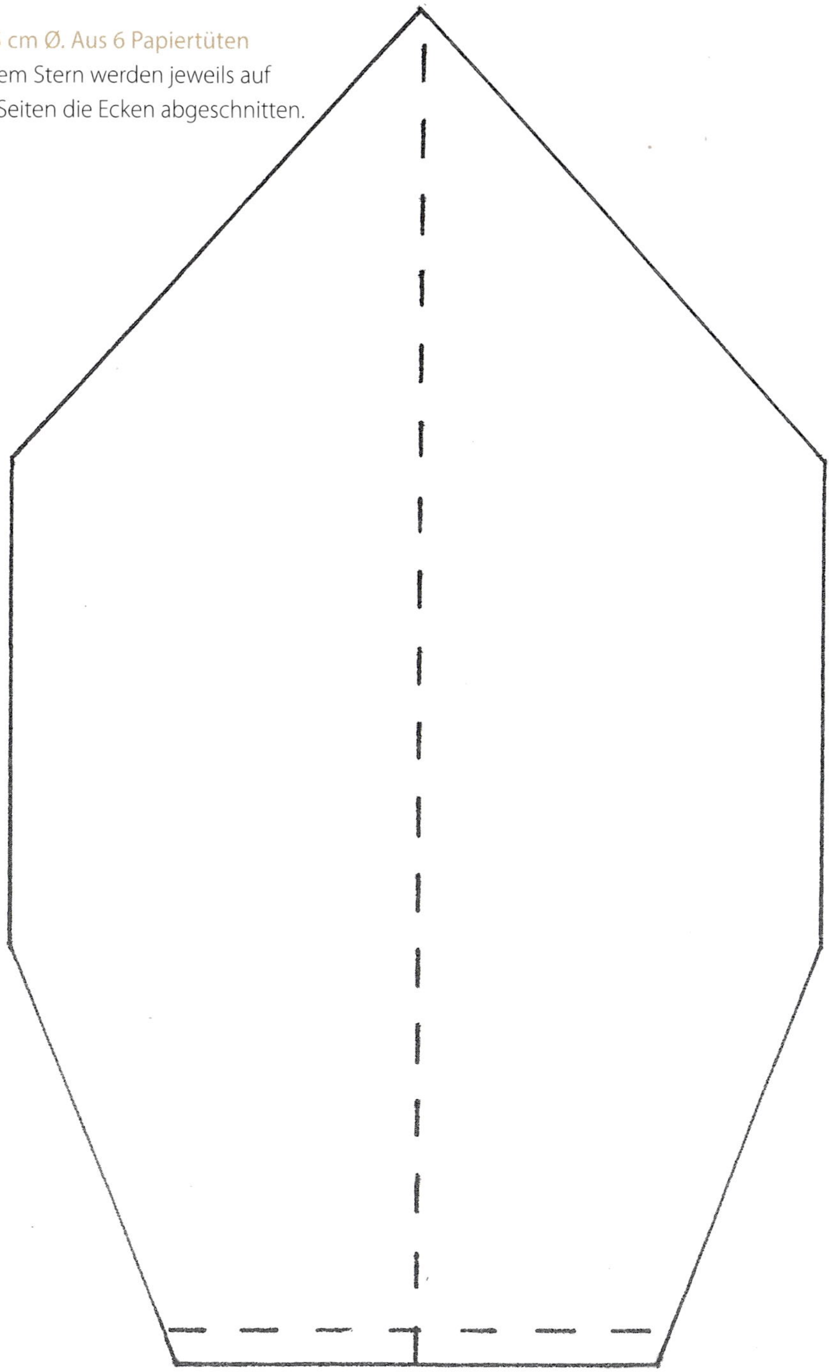

Kleiner Stern

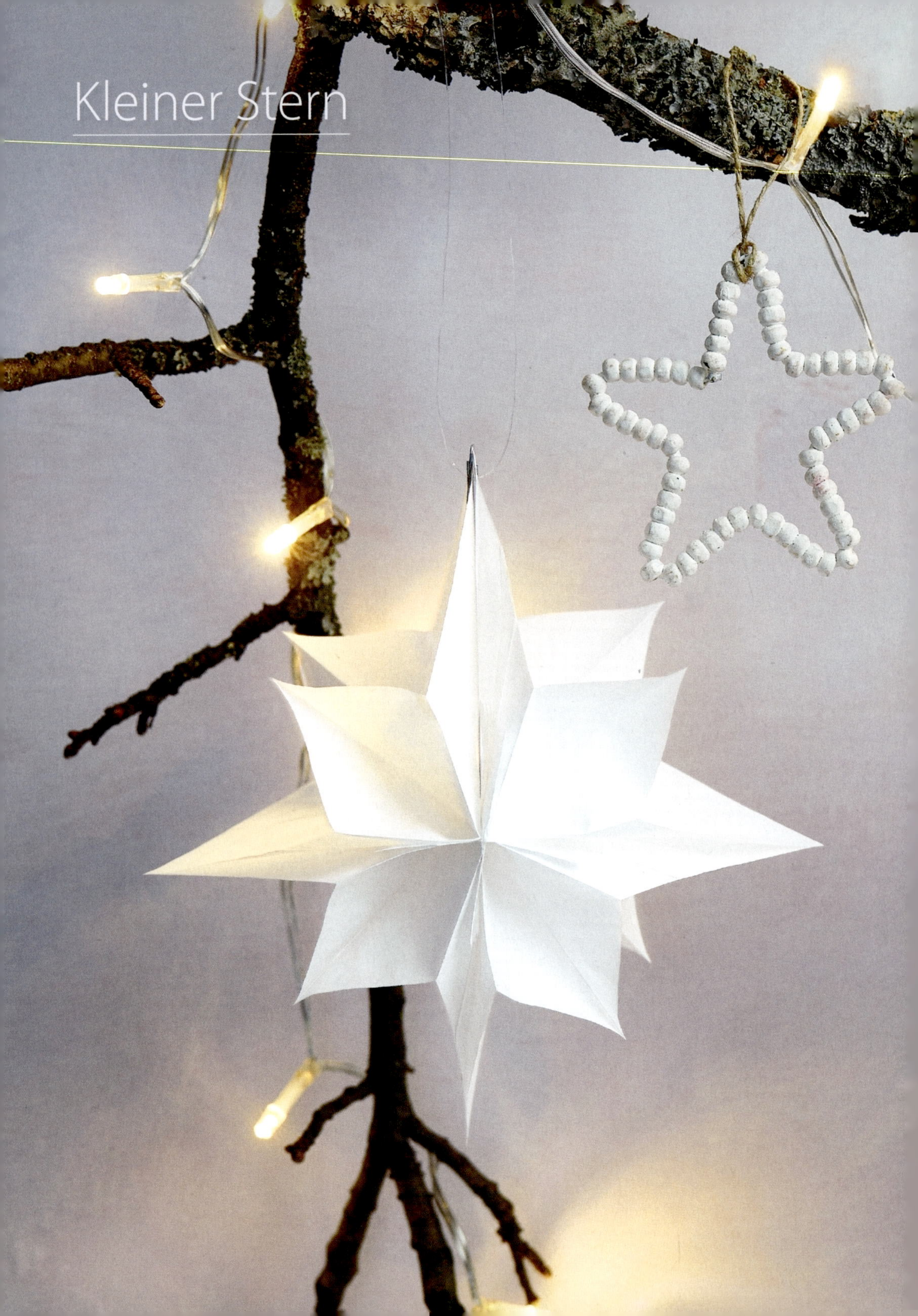

Zehnzackenstern

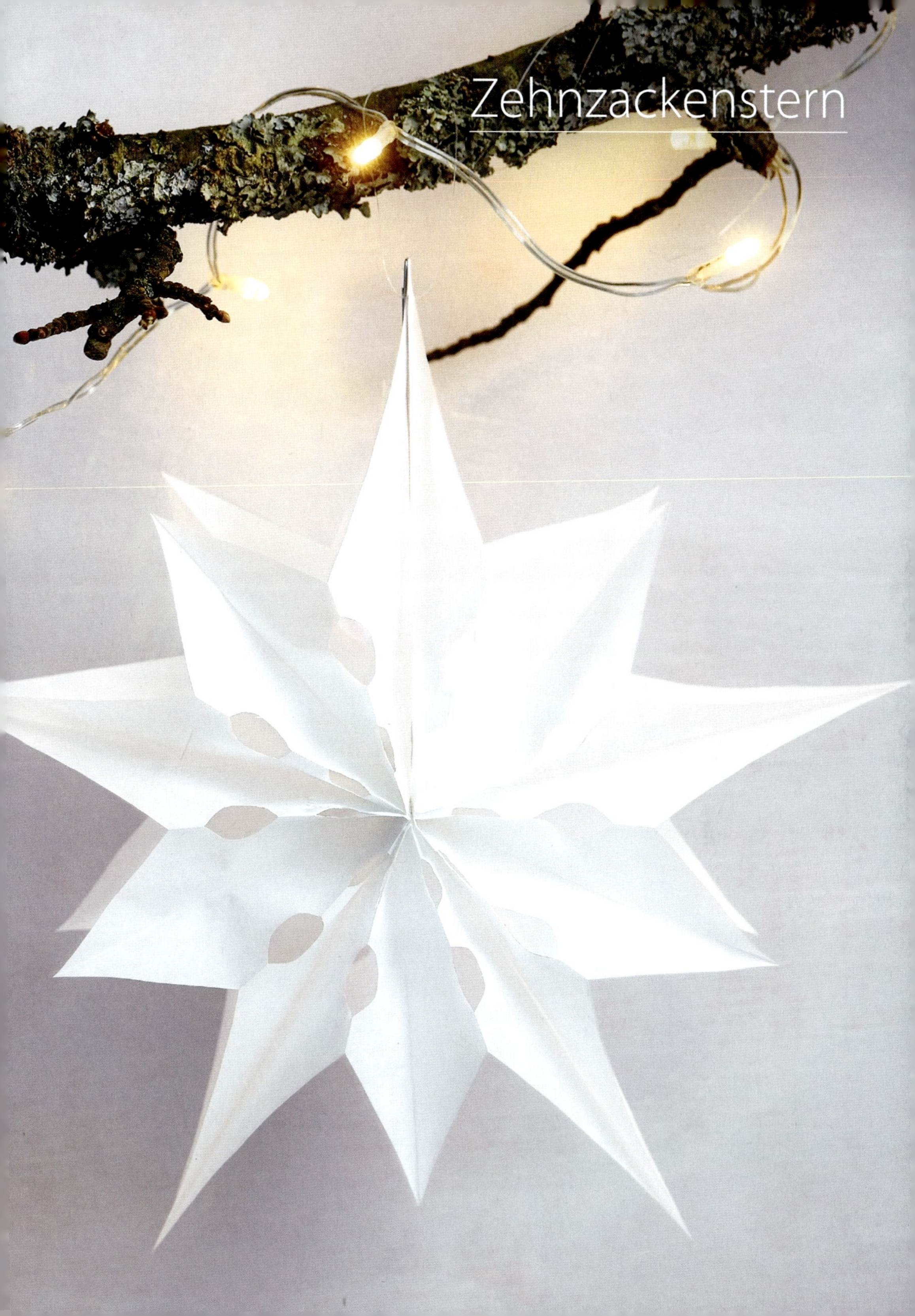

Kleiner Stern

Etwa 20 cm Ø. Aus 4 Papiertüten

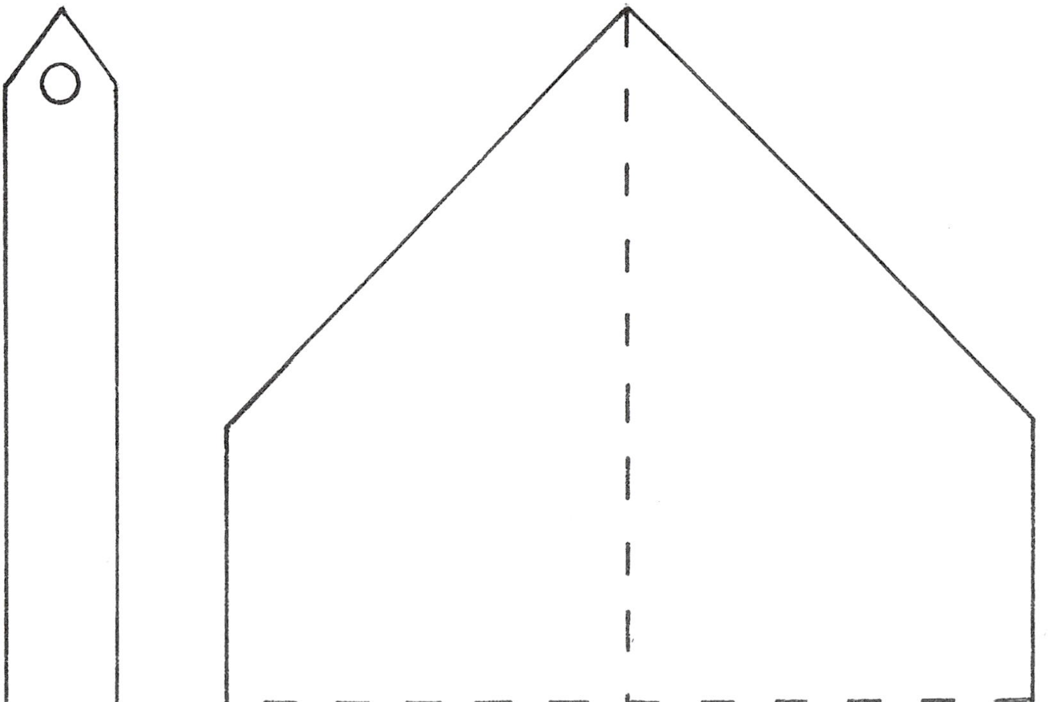

Zehnzackenstern

Etwa 29 cm Ø. Aus 5 Papiertüten

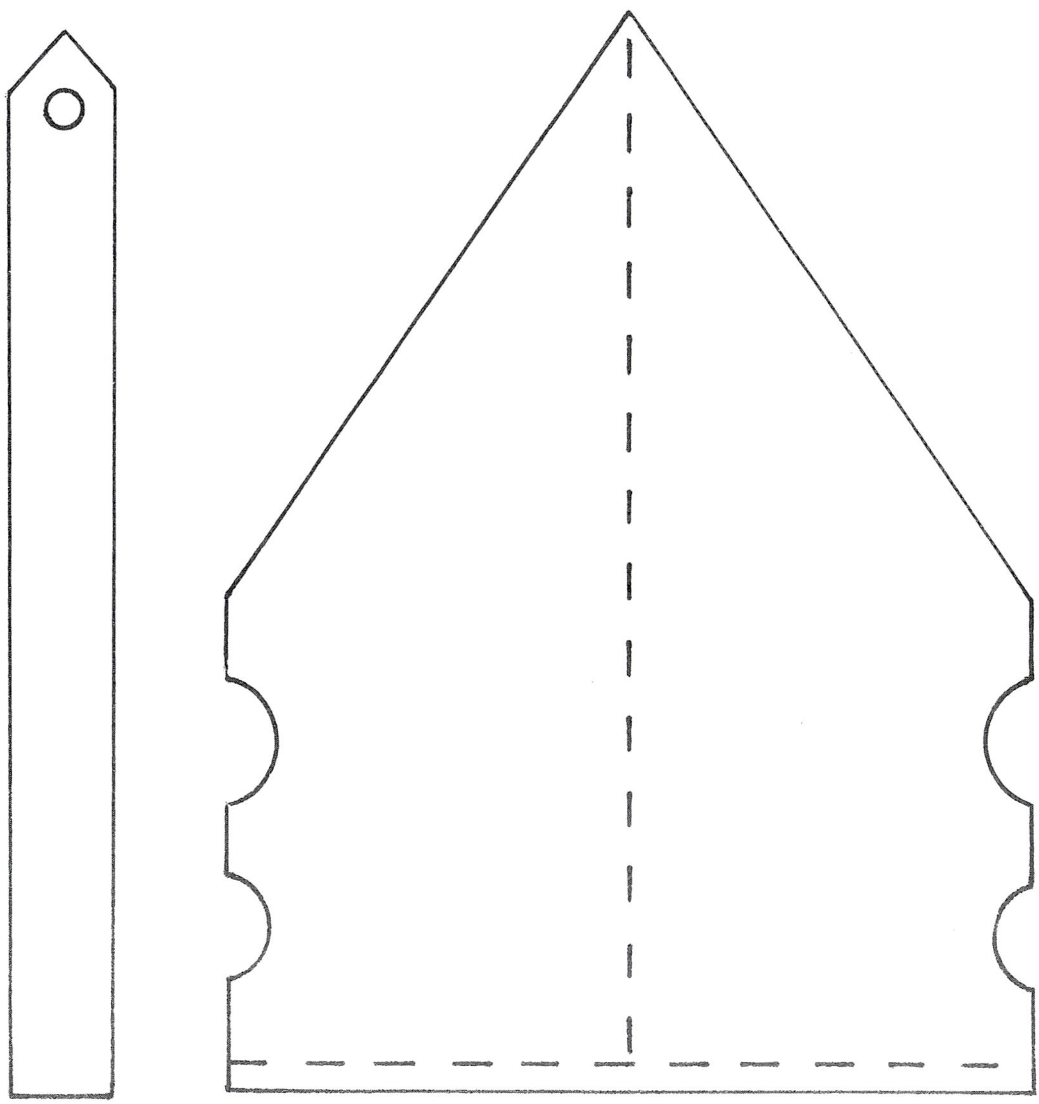

Stimmungsvoller Stern

Etwa 39 cm Ø. Aus 11 Papiertüten

Dieser Stern besticht durch seine einfache Form und Leichtigkeit. Es gibt zwei Klebelinien, die eine wird mittig und die andere wird über der Innenfalte der Papiertüte aufgetragen. Dadurch ergibt sich ein gleichmäßiger Zackenrand.

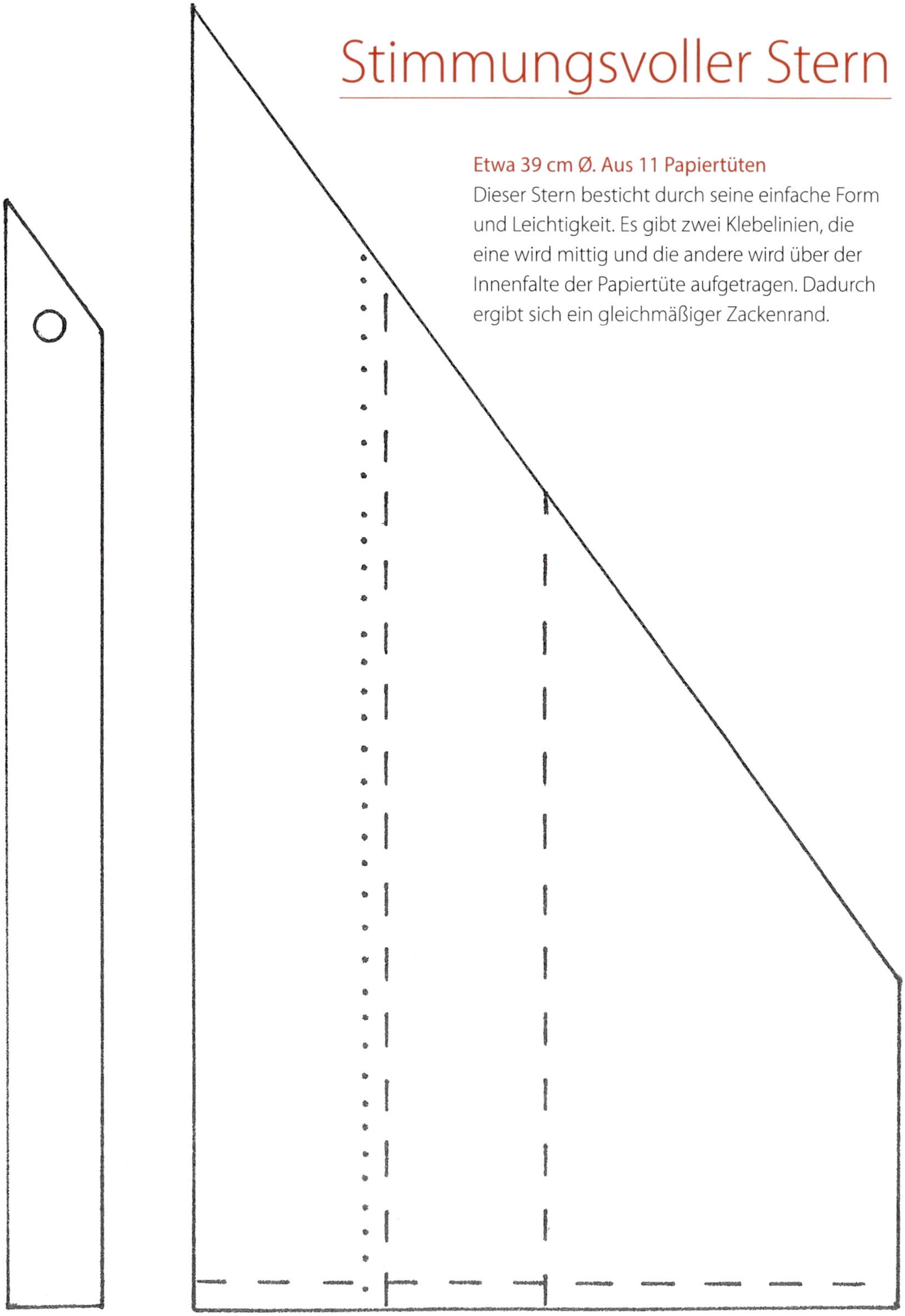

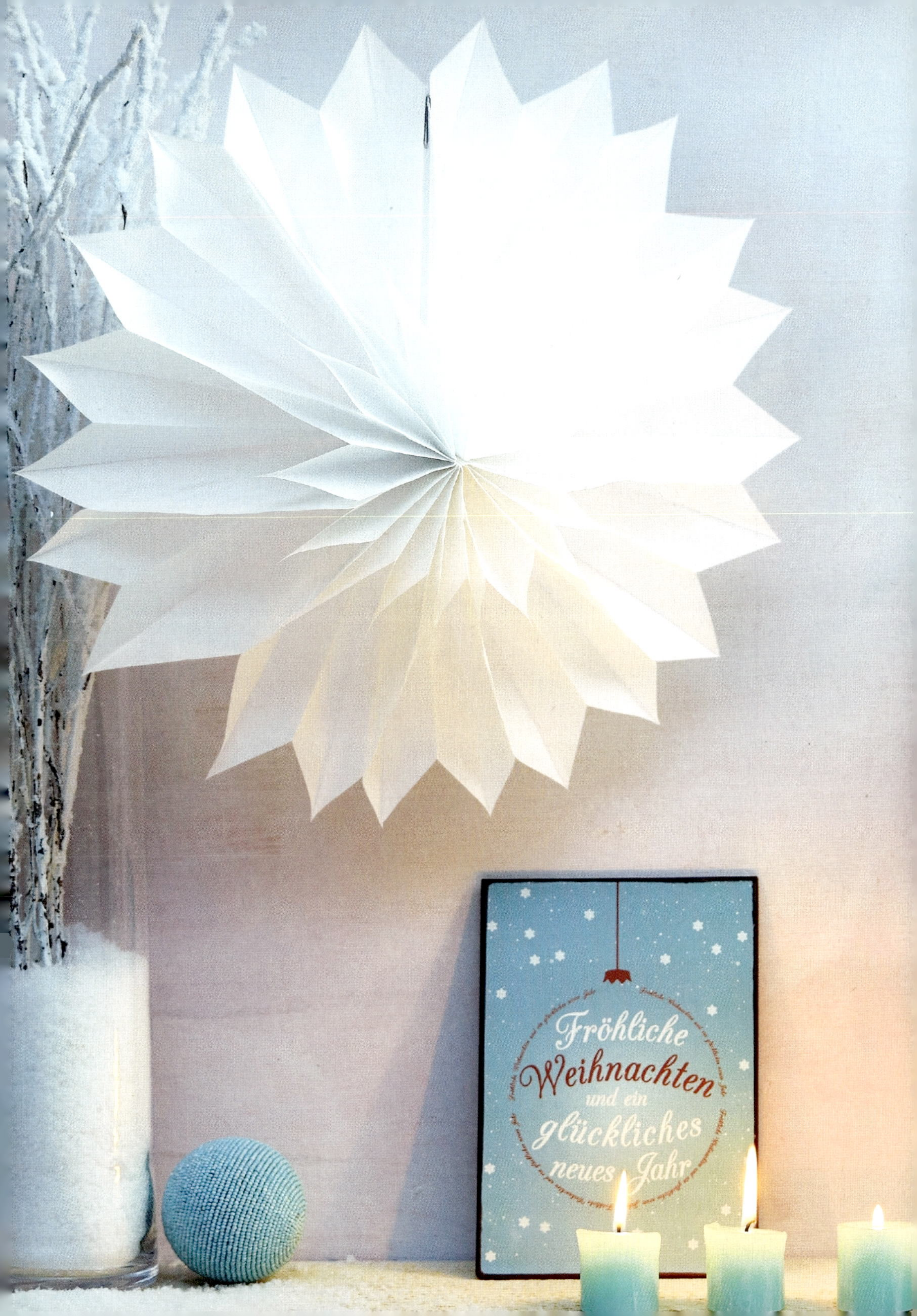
Fröhliche
Weihnachten
und ein
glückliches
neues Jahr

Filigraner Stern

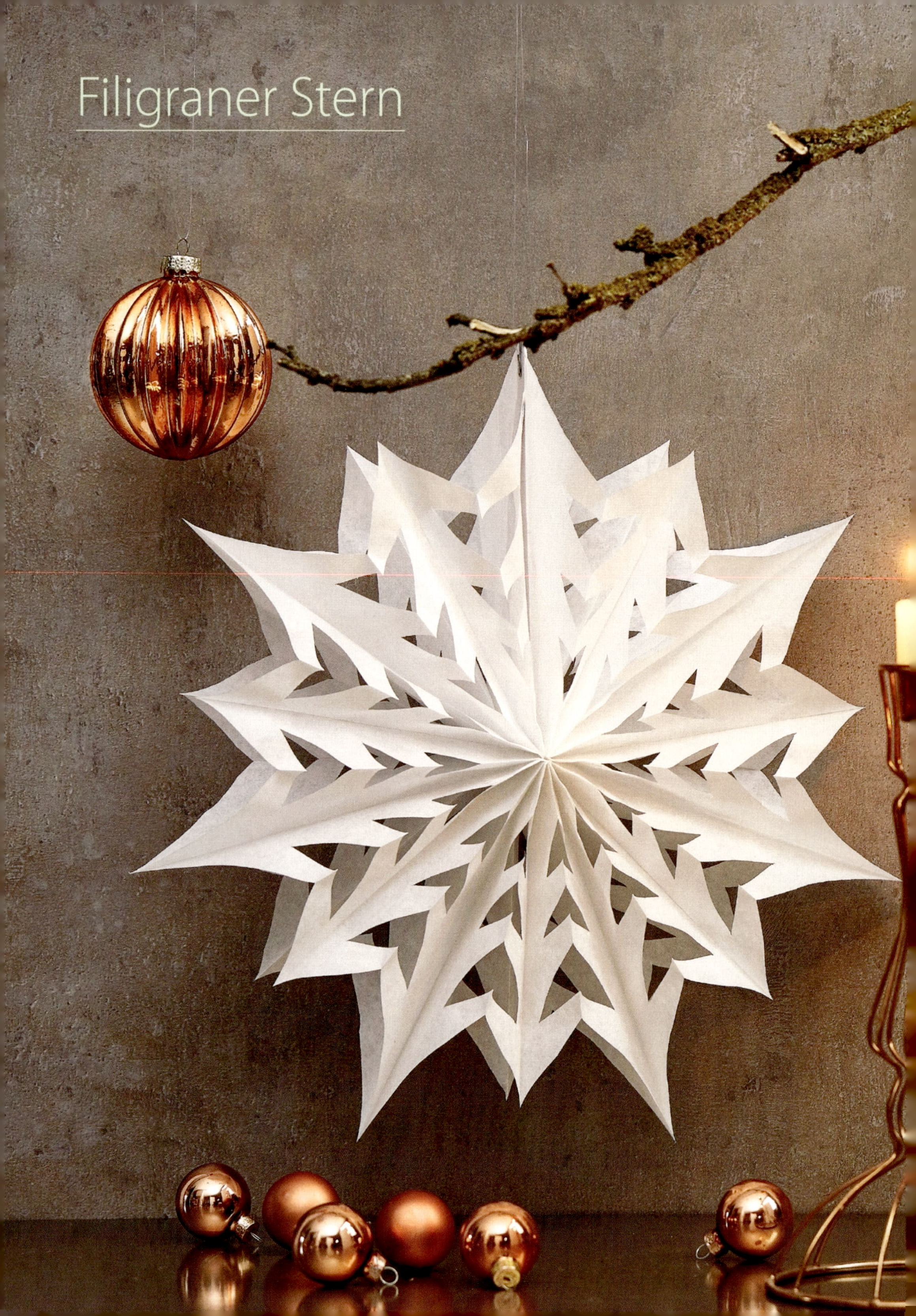

Sternenpracht

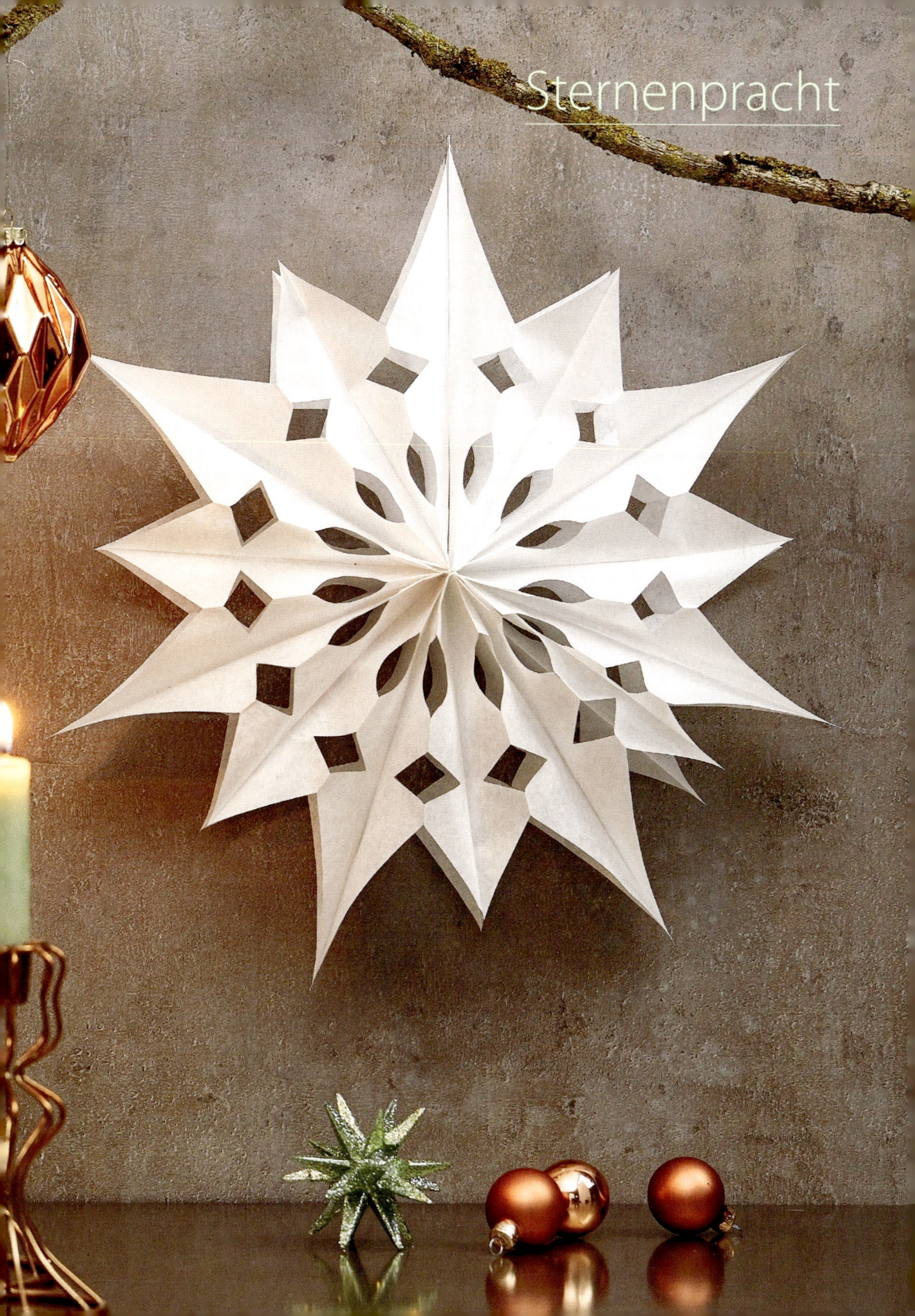

Filigraner Stern

Etwa 40 cm Ø. Aus 7 Papiertüten

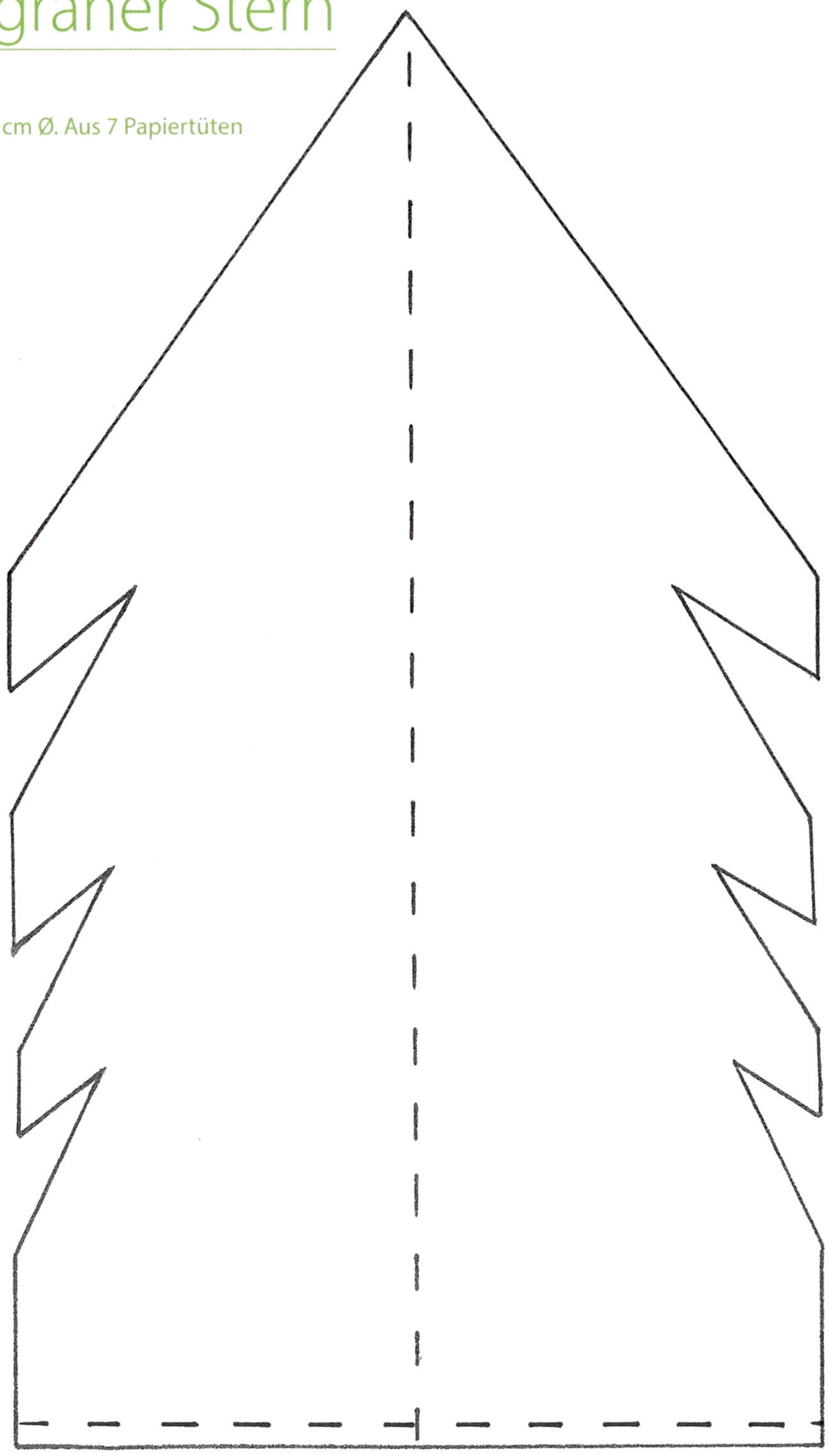

Sternenpracht

Etwa 38 cm Ø. Aus 7 Papiertüten

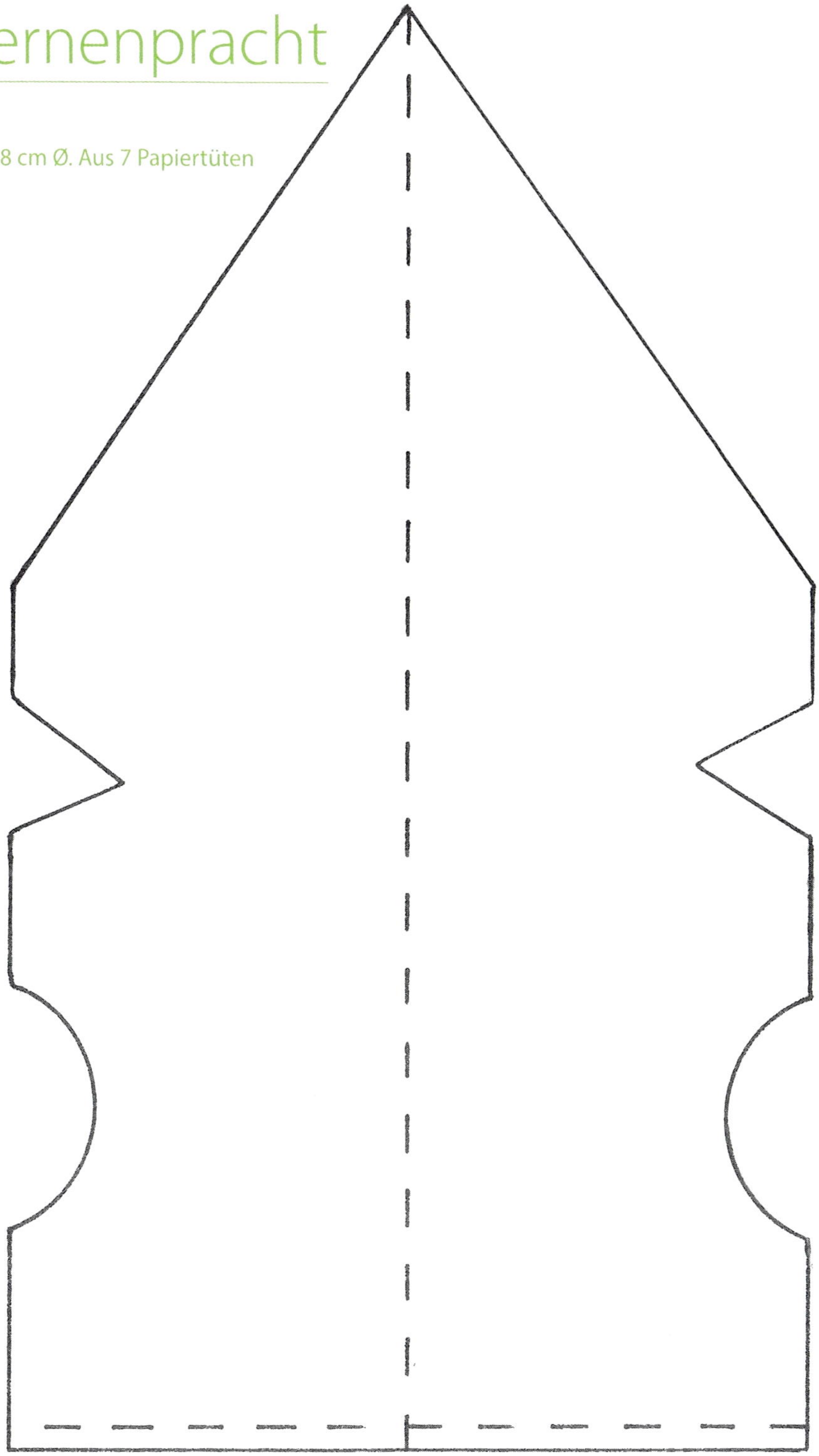

Eiskristall

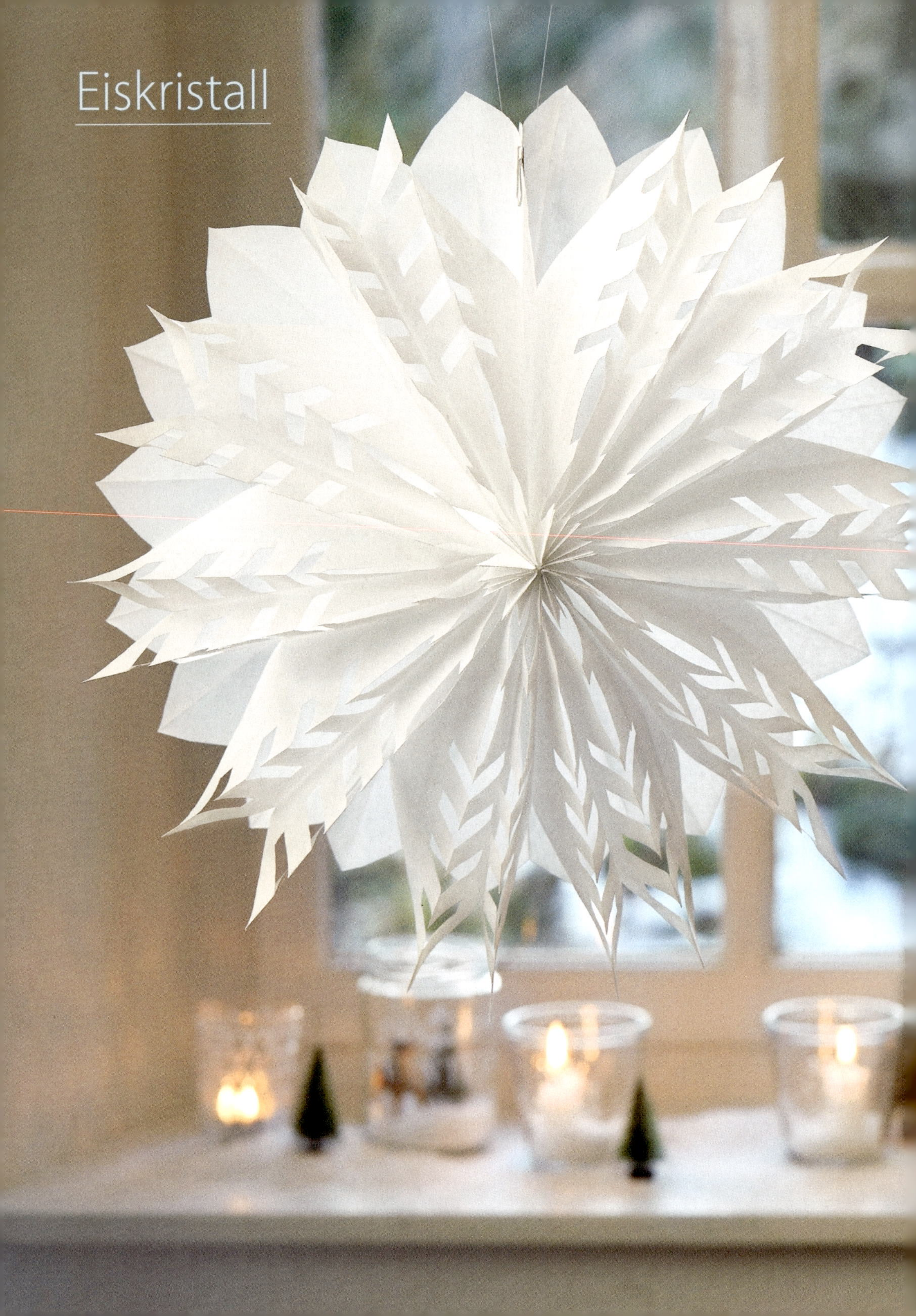

Treppenstern

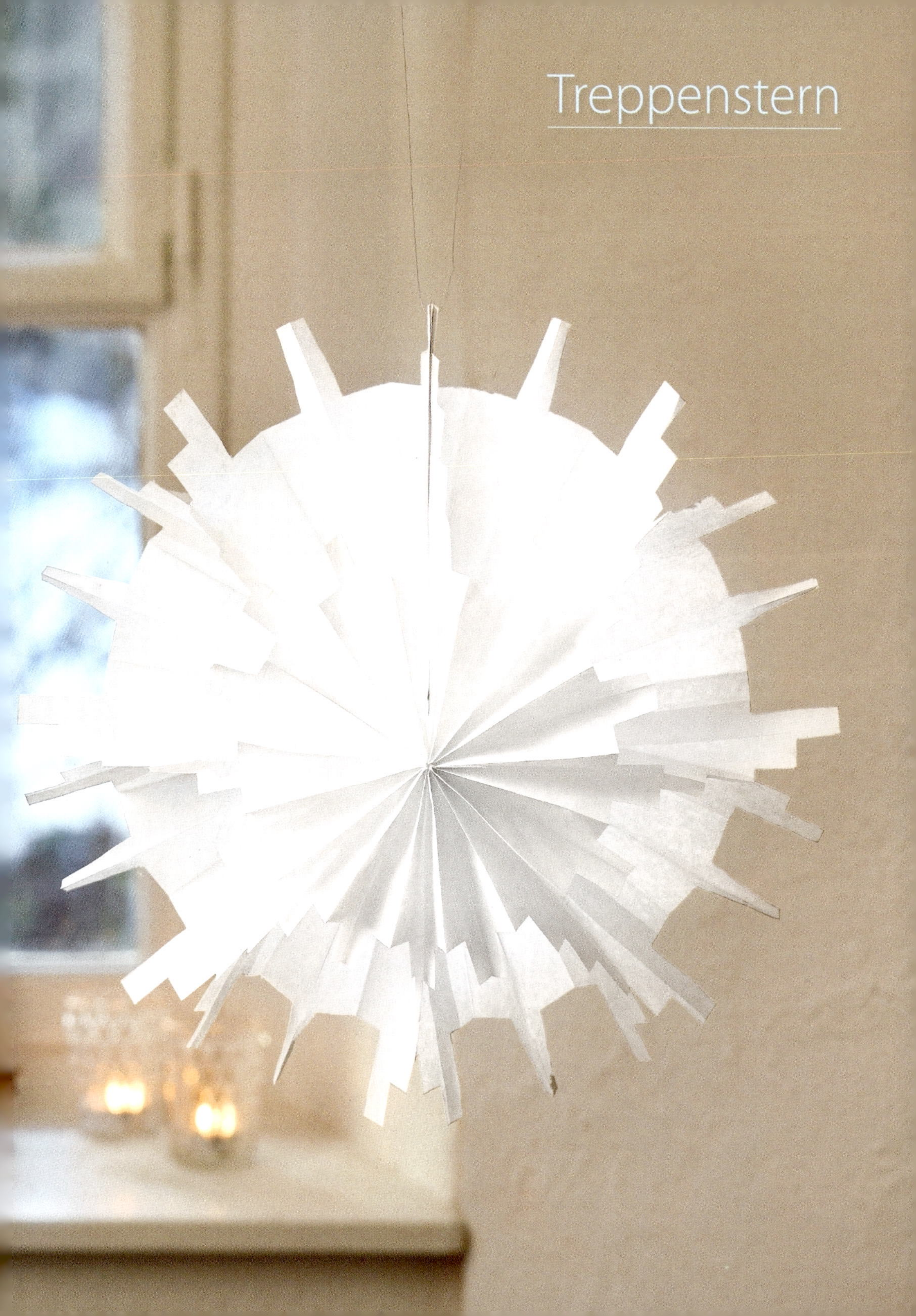

Eiskristall

Etwa 41 cm Ø. Aus 10 Papiertüten

Dieser Stern hat zwei Klebelinien. Eine davon befindet sich an der rechten Innenfalte, dieses ist auch die Klebelinie für den Stabilisierungsstreifen.

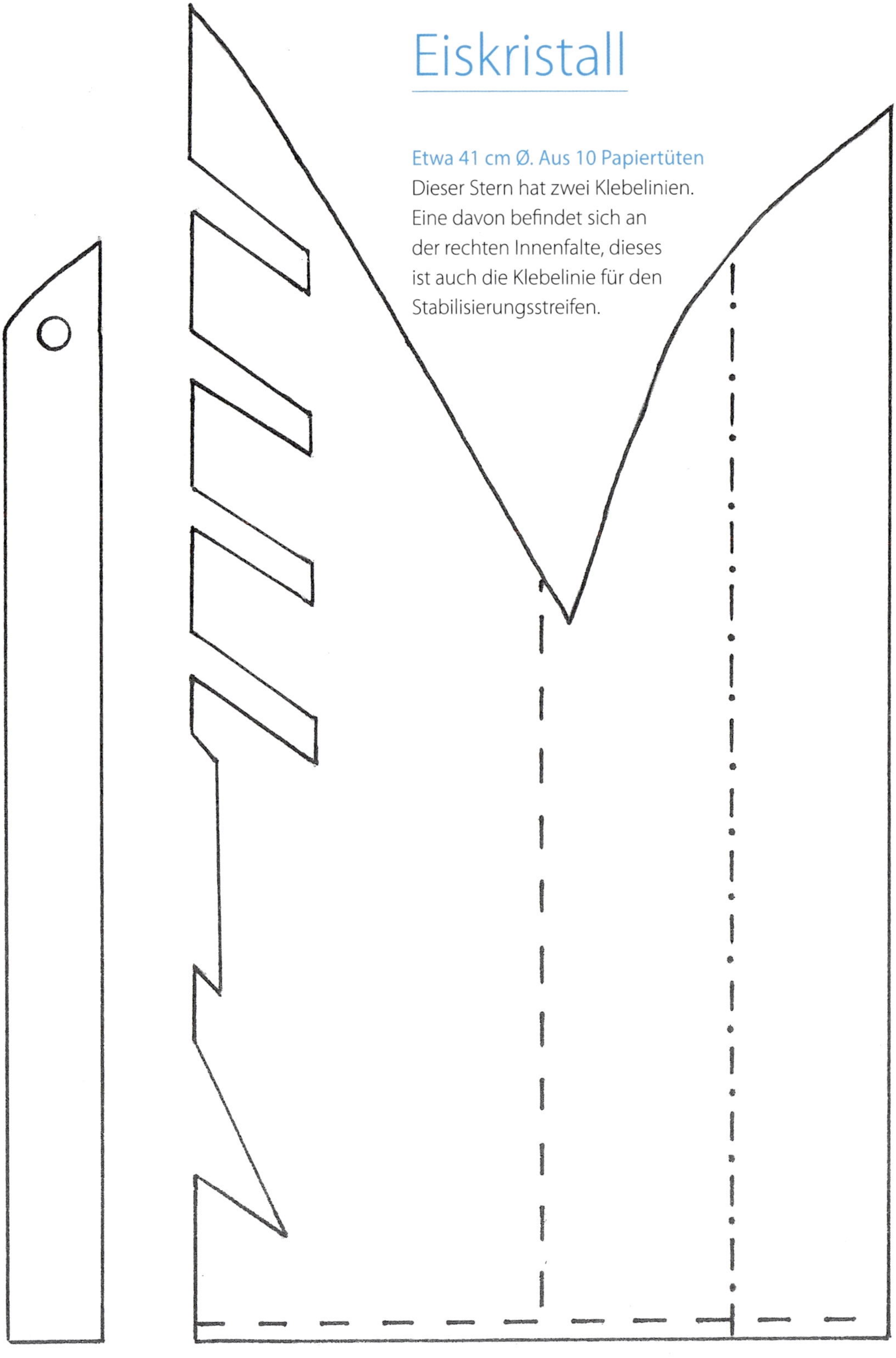

Treppenstern

Etwa 37 cm Ø. Aus 8 Papiertüten

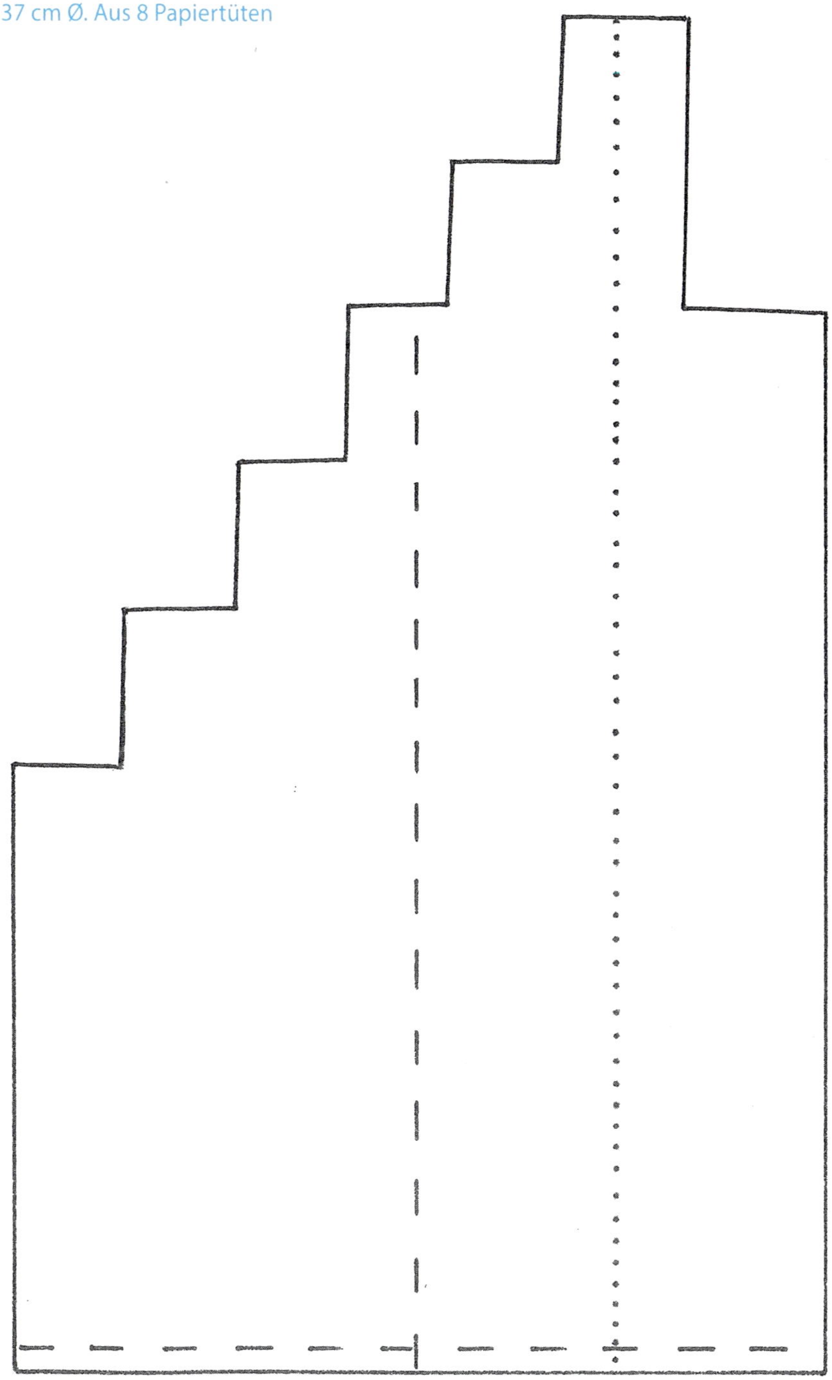

Valentinsstern

Etwa 40 cm Ø. Aus 8 Papiertüten

Der Valentinsstern ist nicht nur für Weihnachten gedacht. Die Rundungen der Herzen werden am besten mit einer kleinen Papierschere ausgeschnitten.

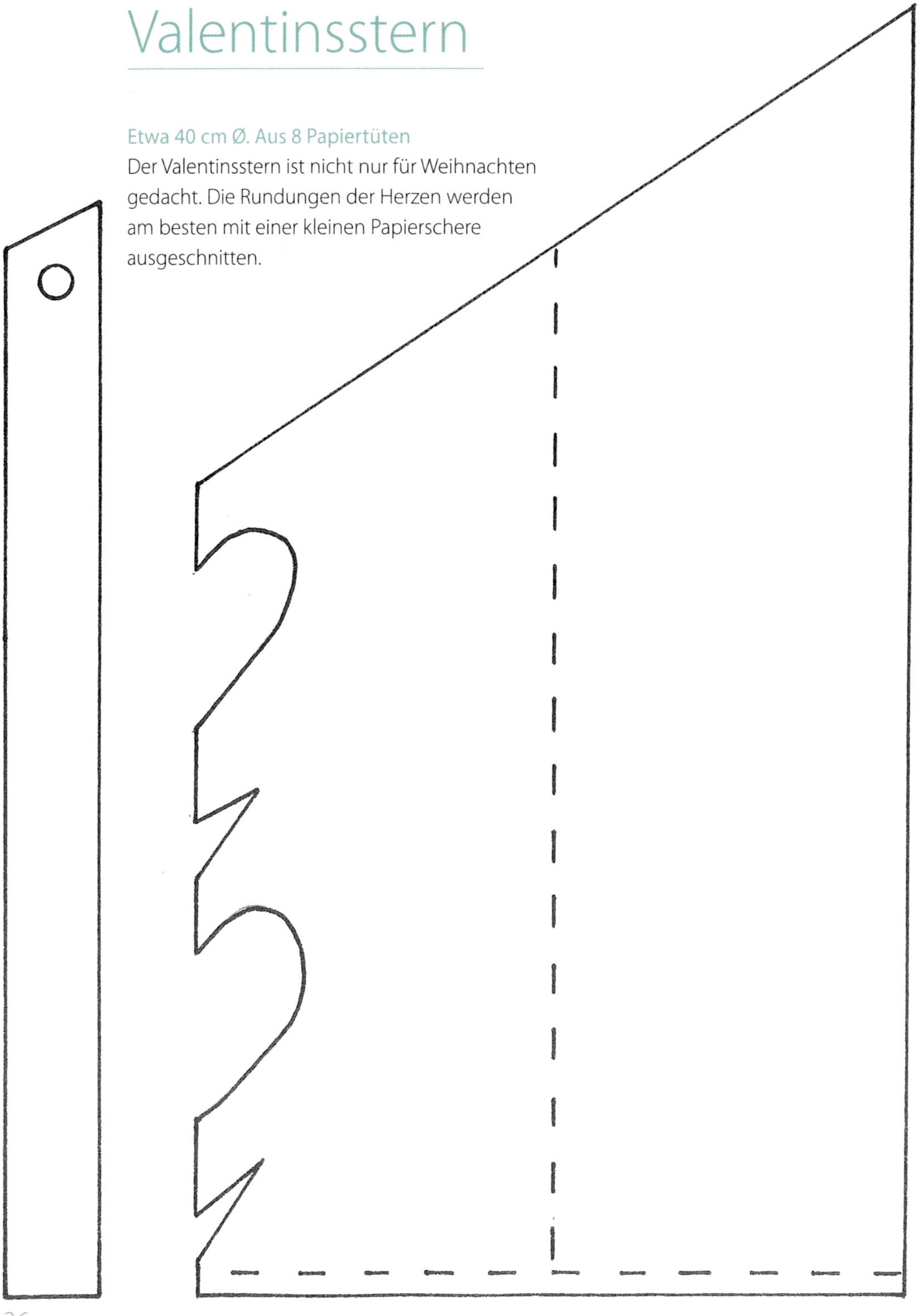

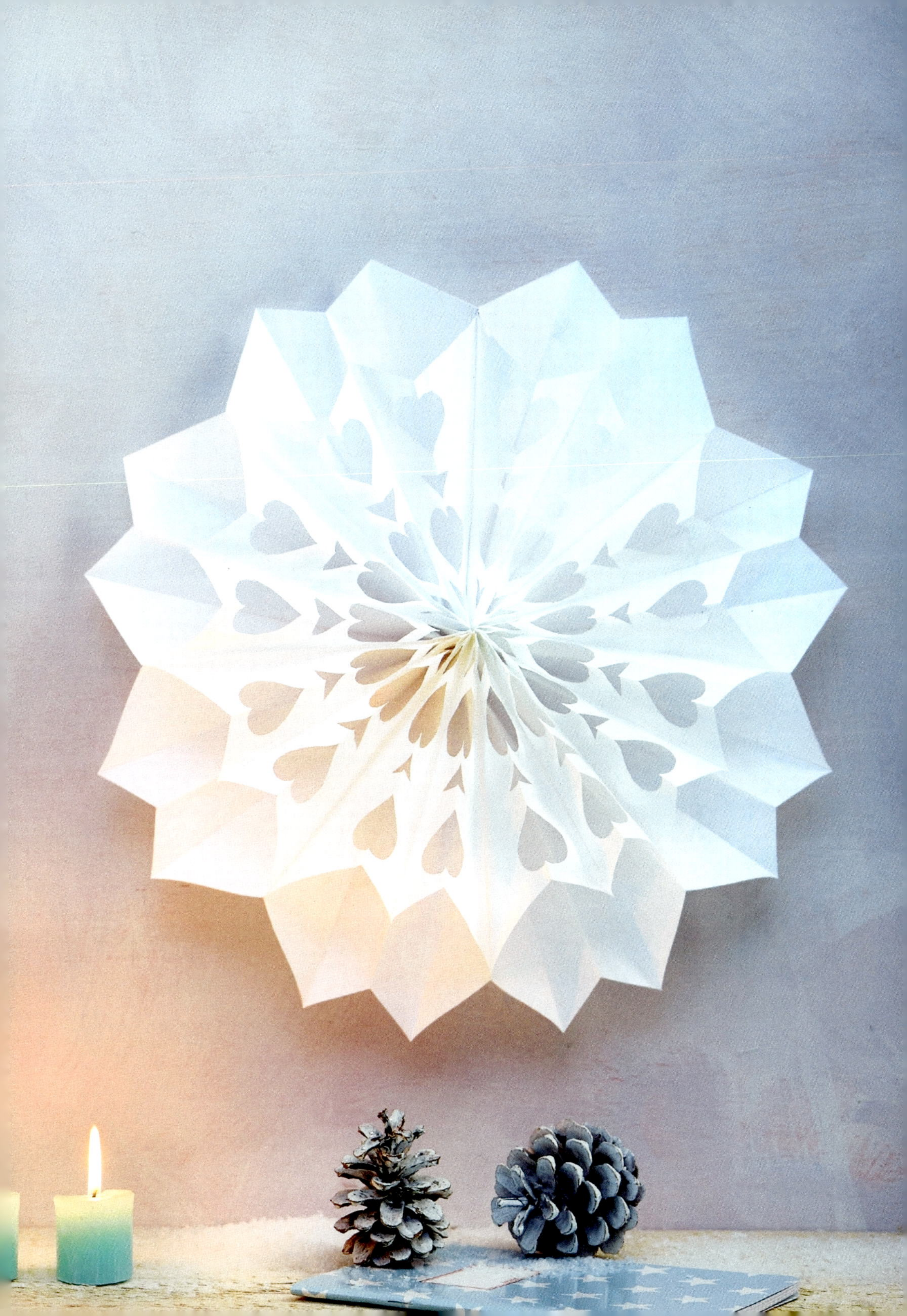

Eisblume

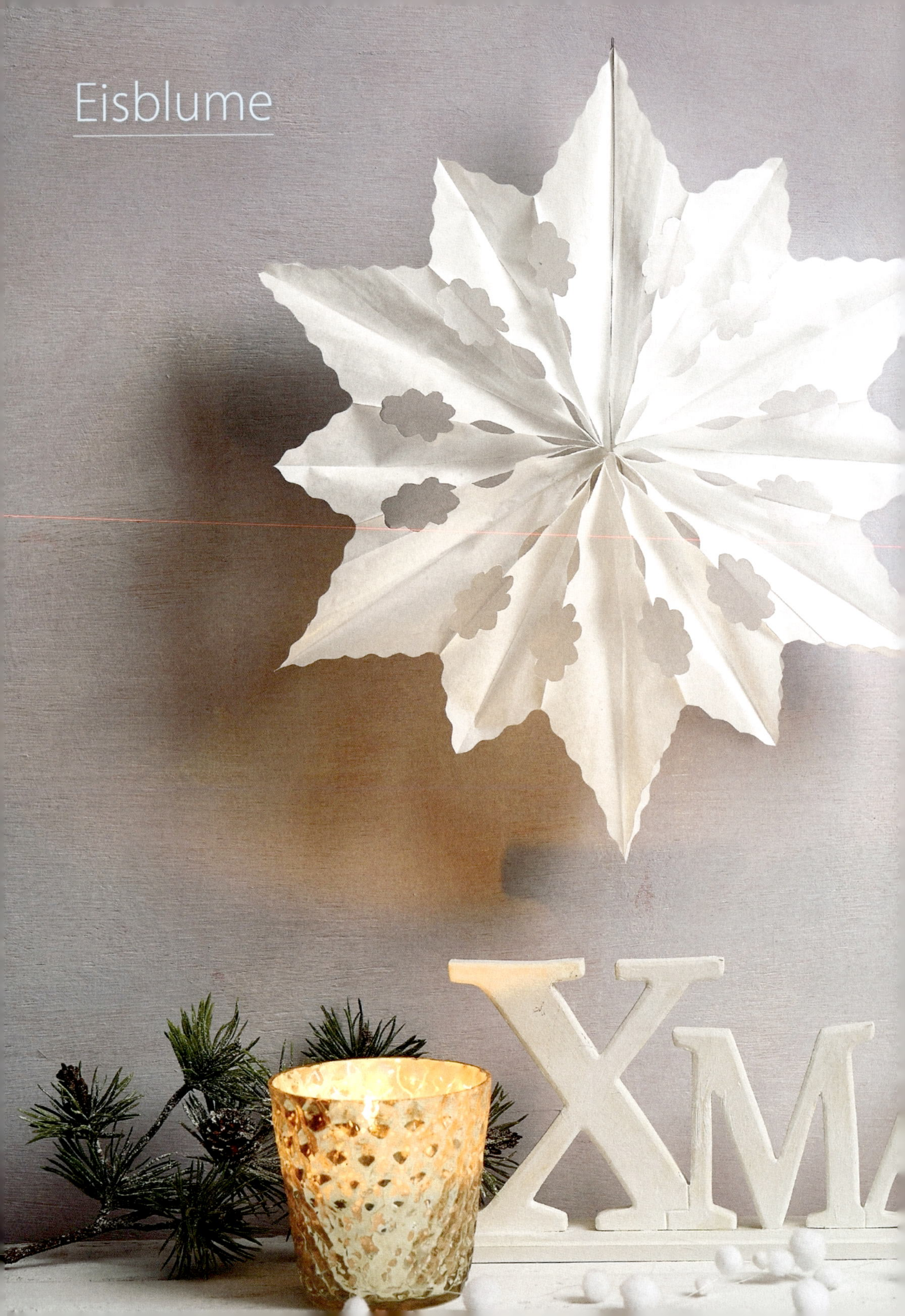

Romantischer Stern

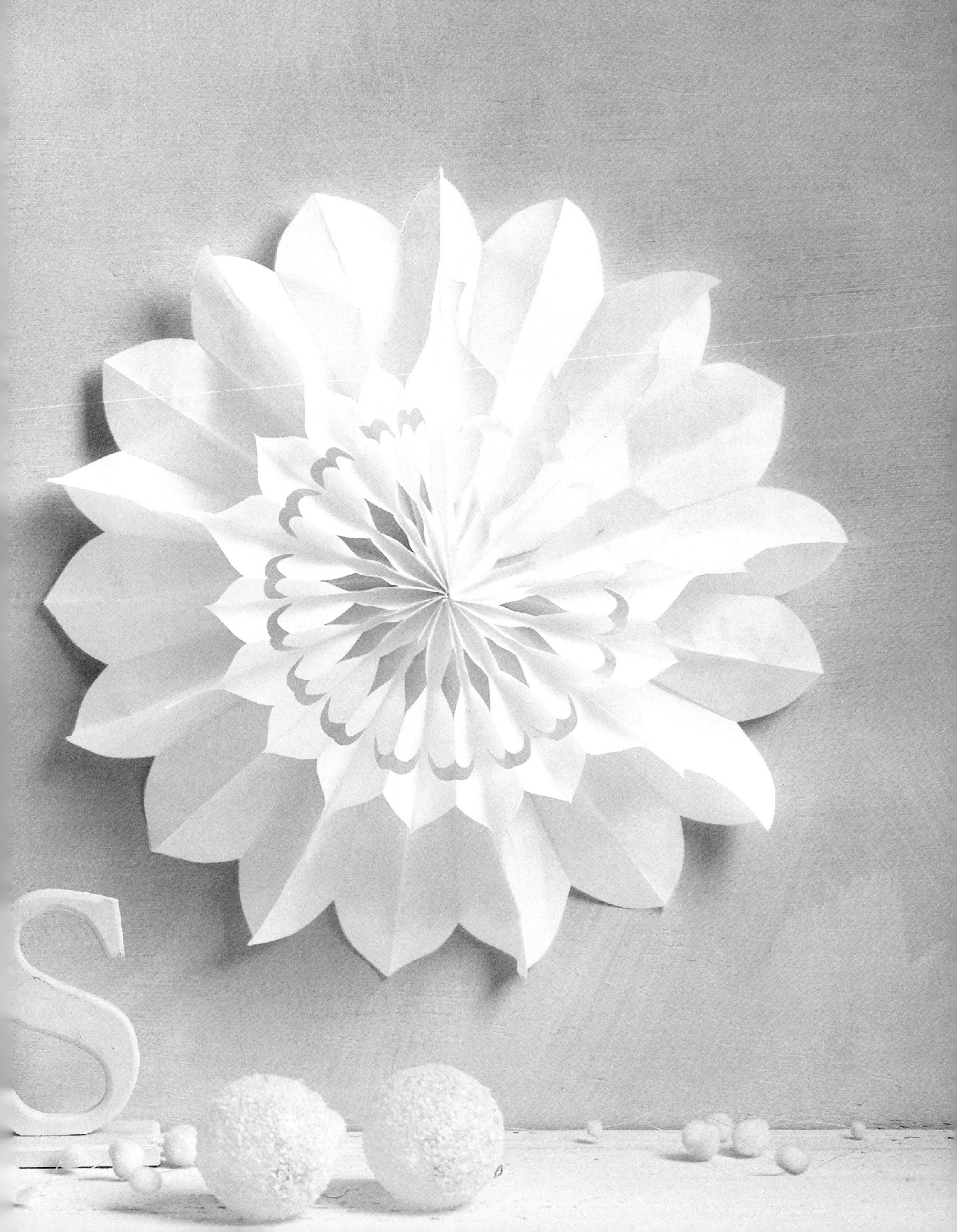

Eisblume

Etwa 39 cm Ø. Aus 6 Papiertüten

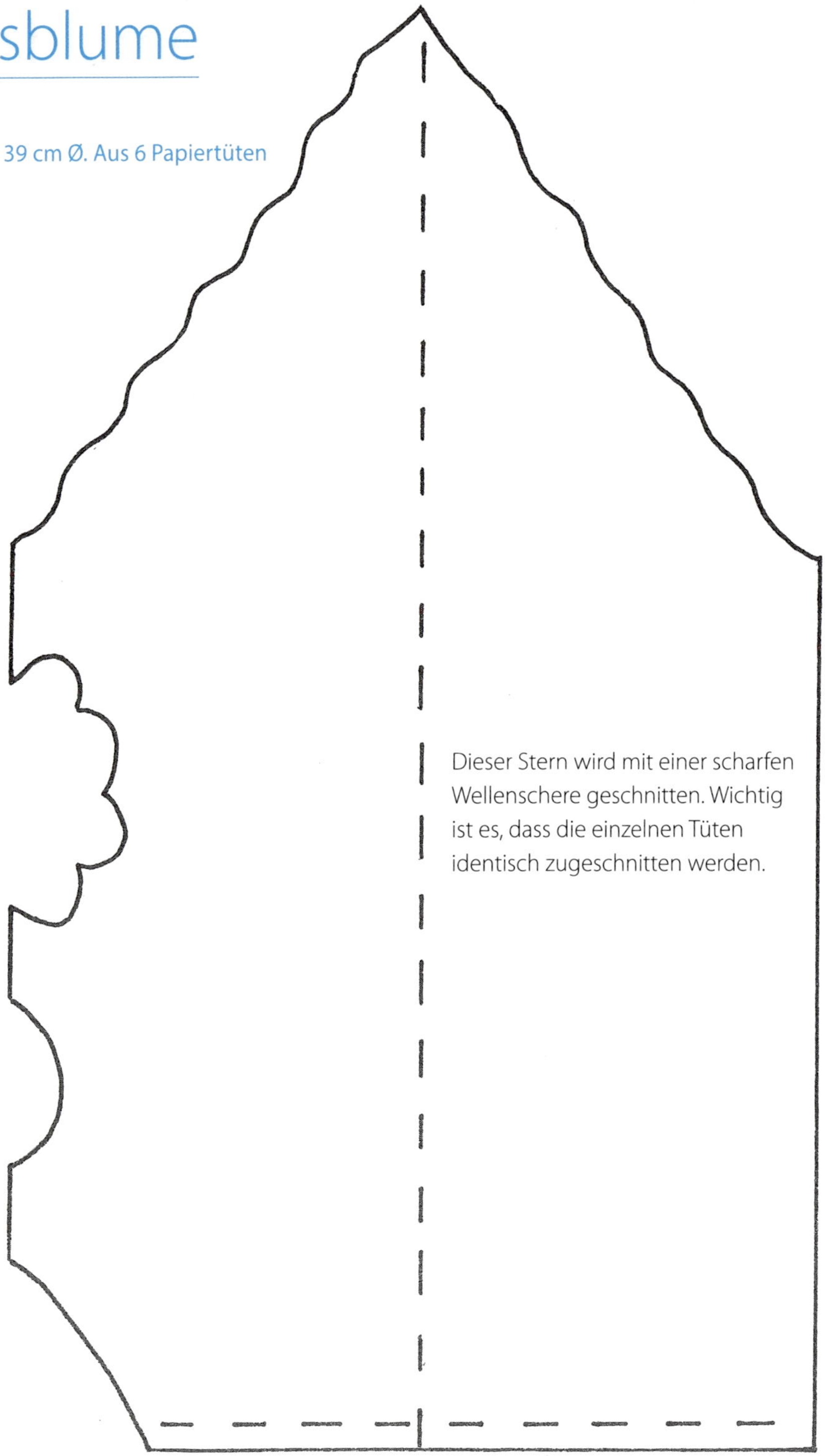

Dieser Stern wird mit einer scharfen Wellenschere geschnitten. Wichtig ist es, dass die einzelnen Tüten identisch zugeschnitten werden.

Romantischer Stern

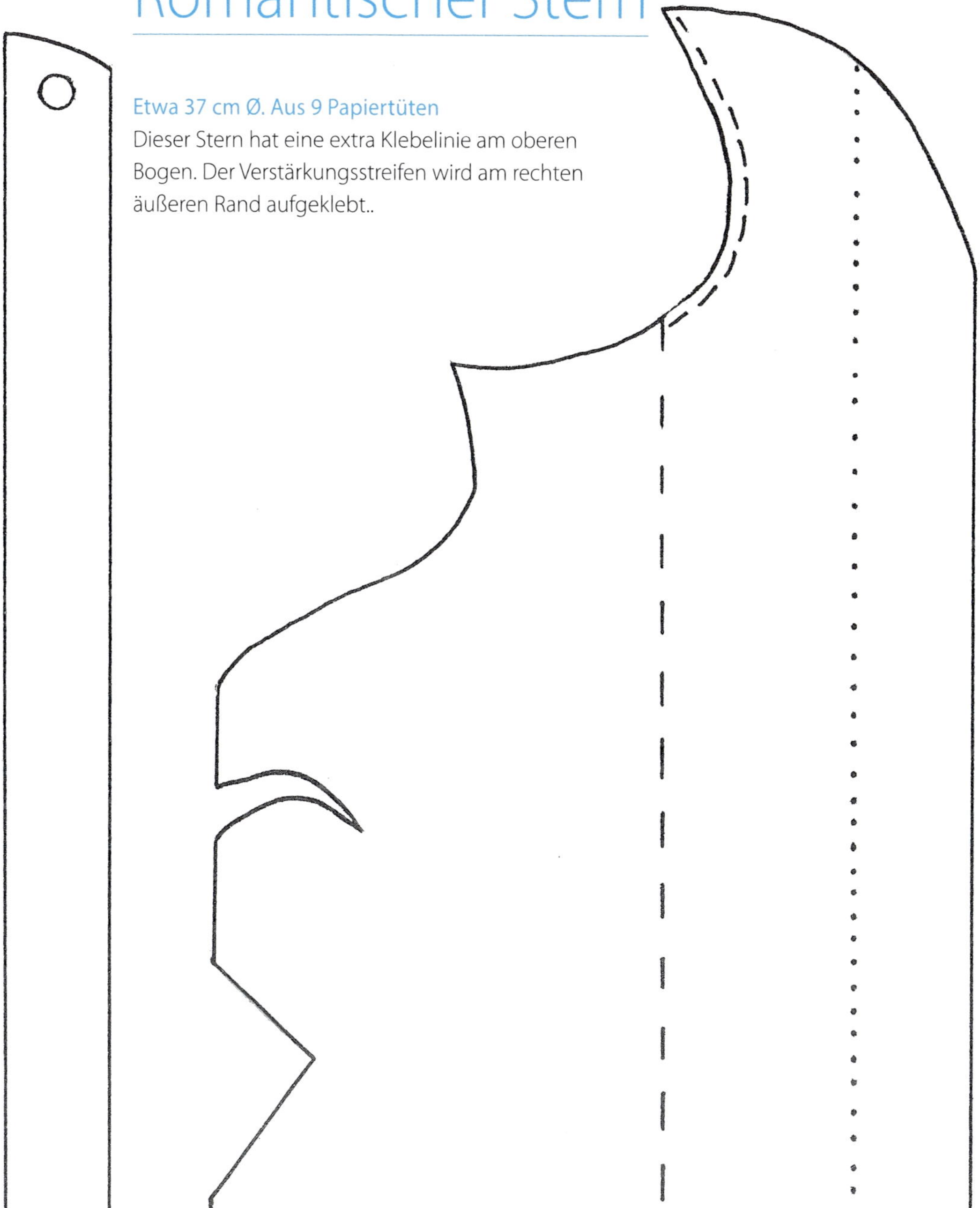

Etwa 37 cm Ø. Aus 9 Papiertüten

Dieser Stern hat eine extra Klebelinie am oberen Bogen. Der Verstärkungsstreifen wird am rechten äußeren Rand aufgeklebt..

Sternenlicht

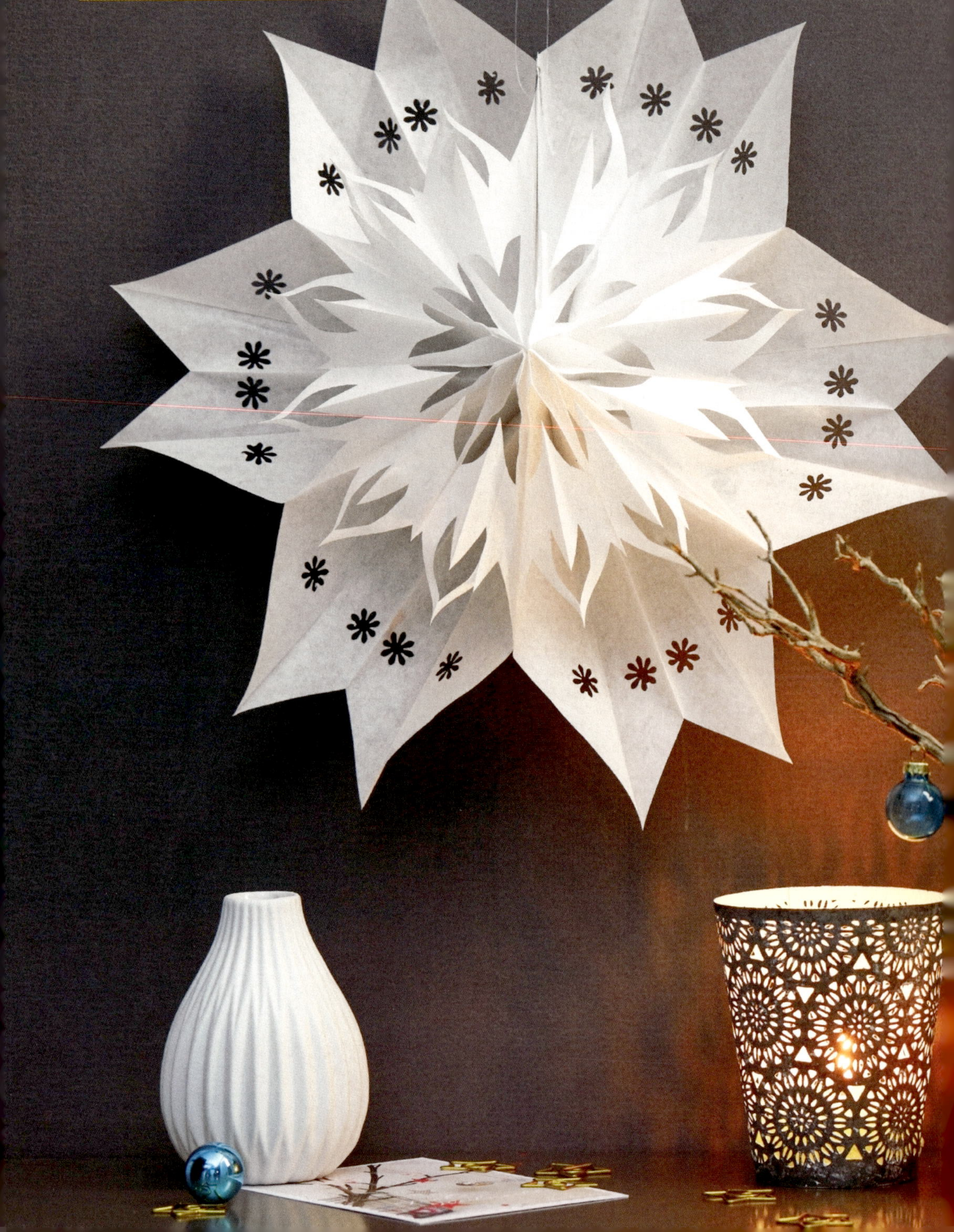

Effektvoller Stern

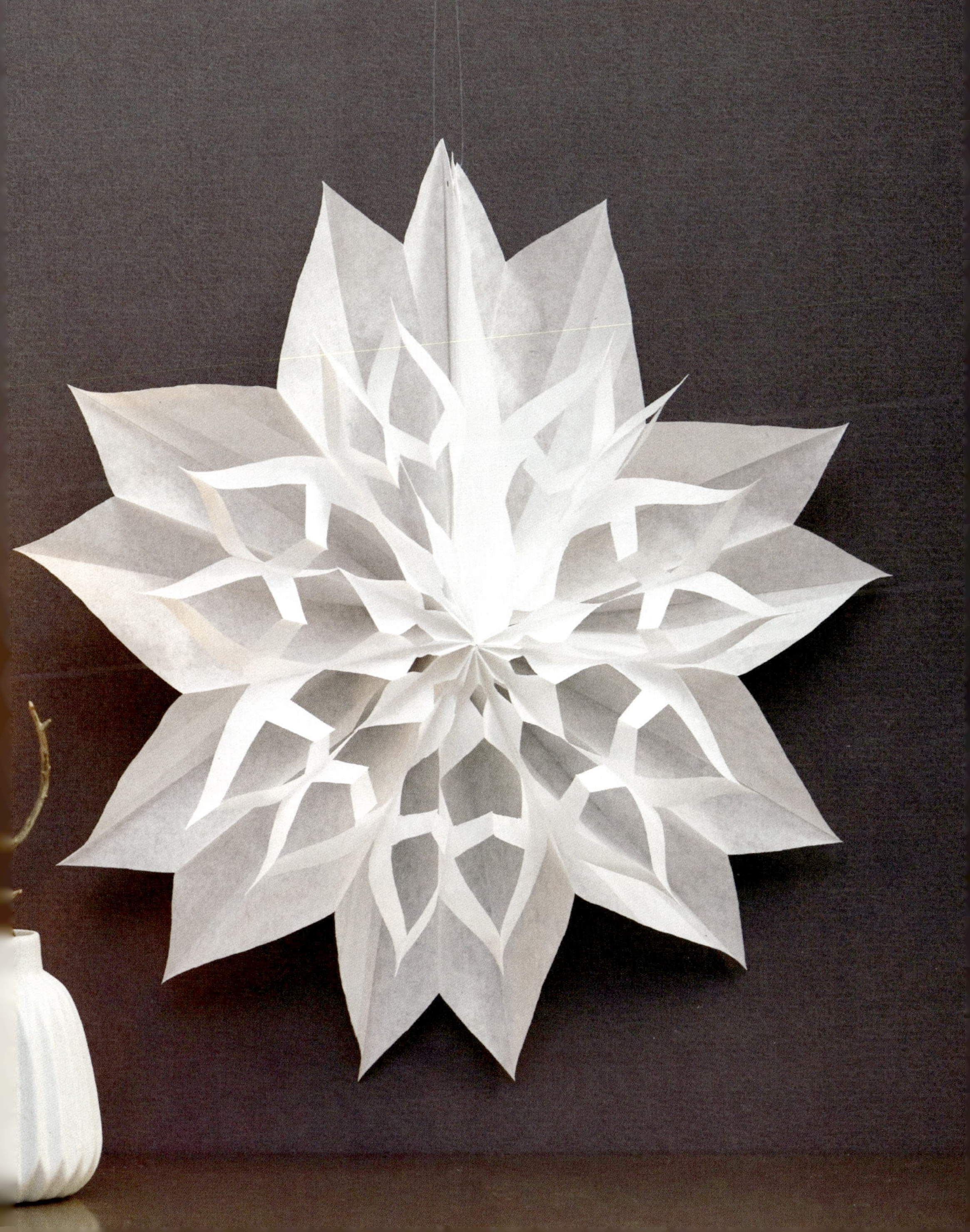

Sternenlicht

Etwa 36 cm Ø. Aus 6 Papiertüten

Als Verzierung werden die Blumen am Rand mit einem Motivlocher ausgestanzt.

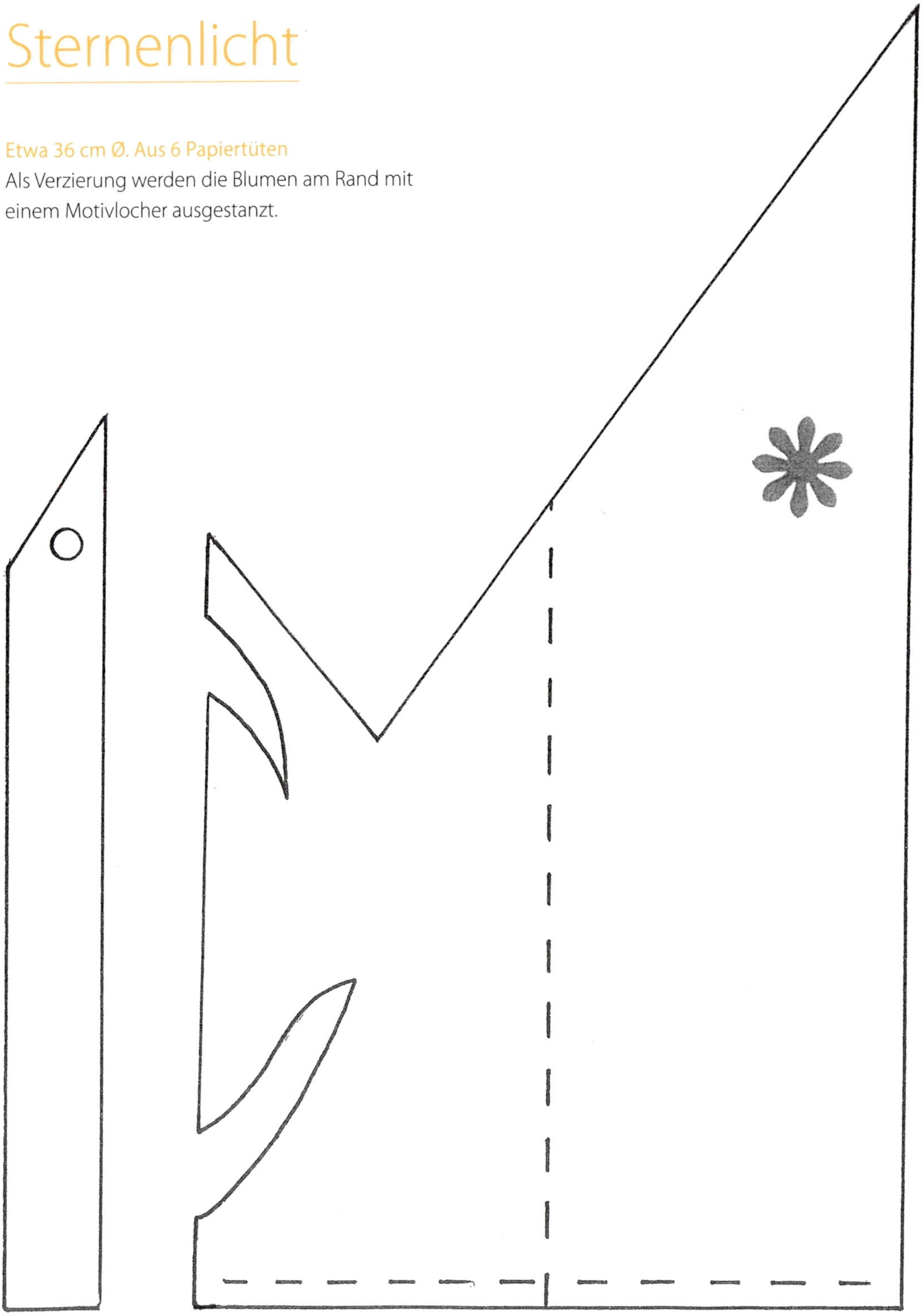

Effektvoller Stern

Etwa 39 cm Ø. Aus 7 Papiertüten

Die Stabilisierungsstreifen werden am rechten Rand aufgeklebt.

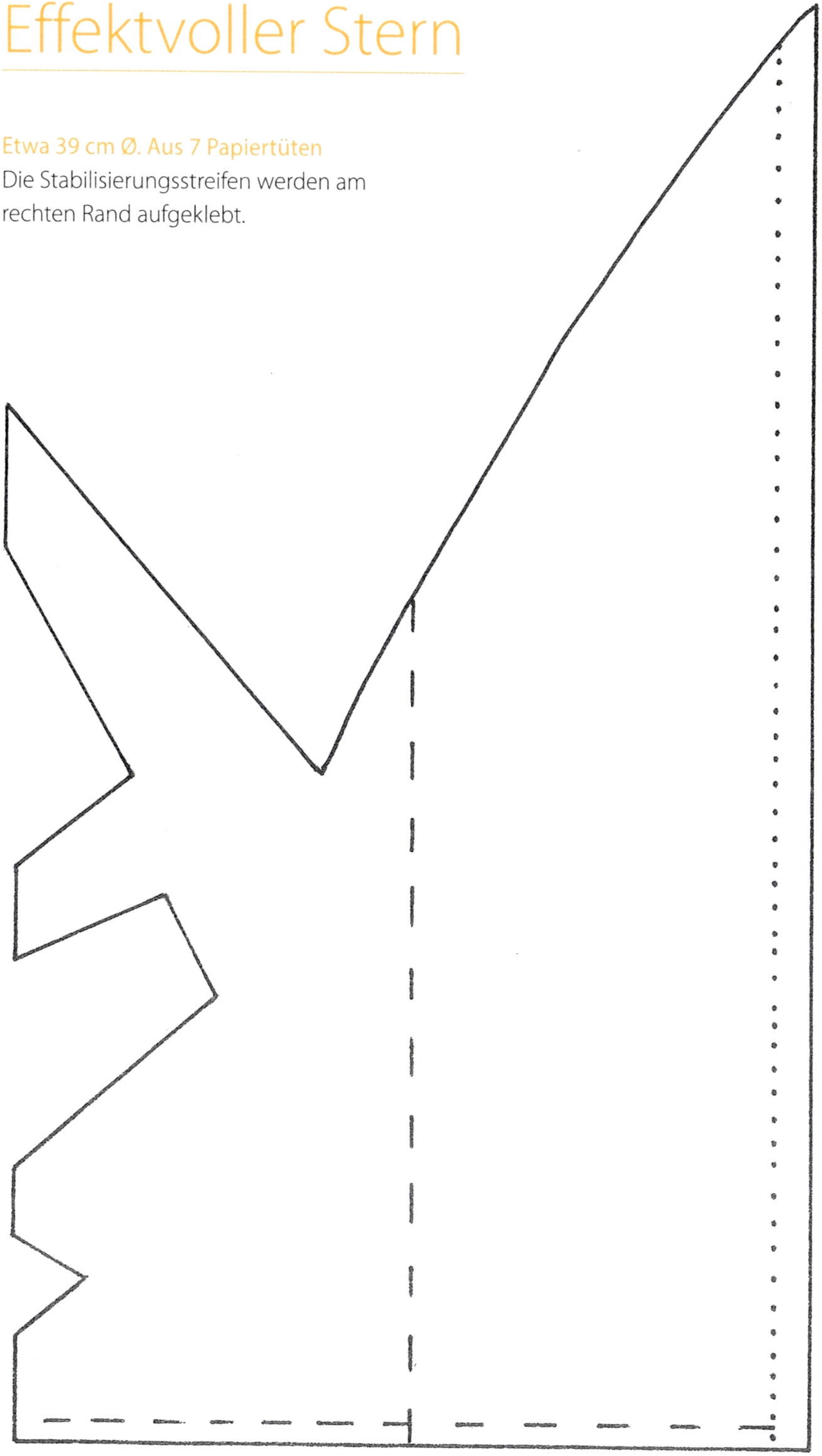

Weihnachtsstern

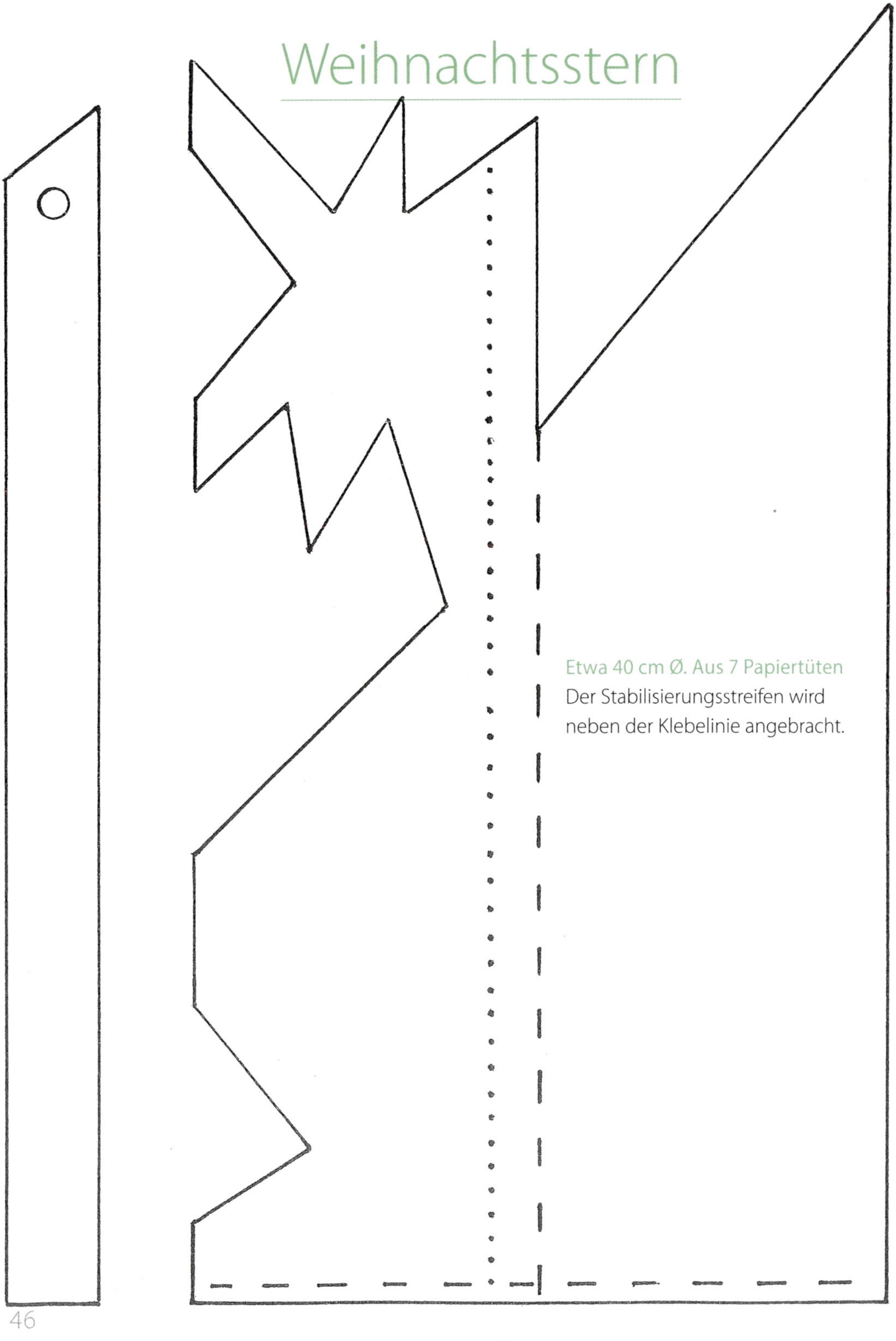

Etwa 40 cm Ø. Aus 7 Papiertüten

Der Stabilisierungsstreifen wird neben der Klebelinie angebracht.

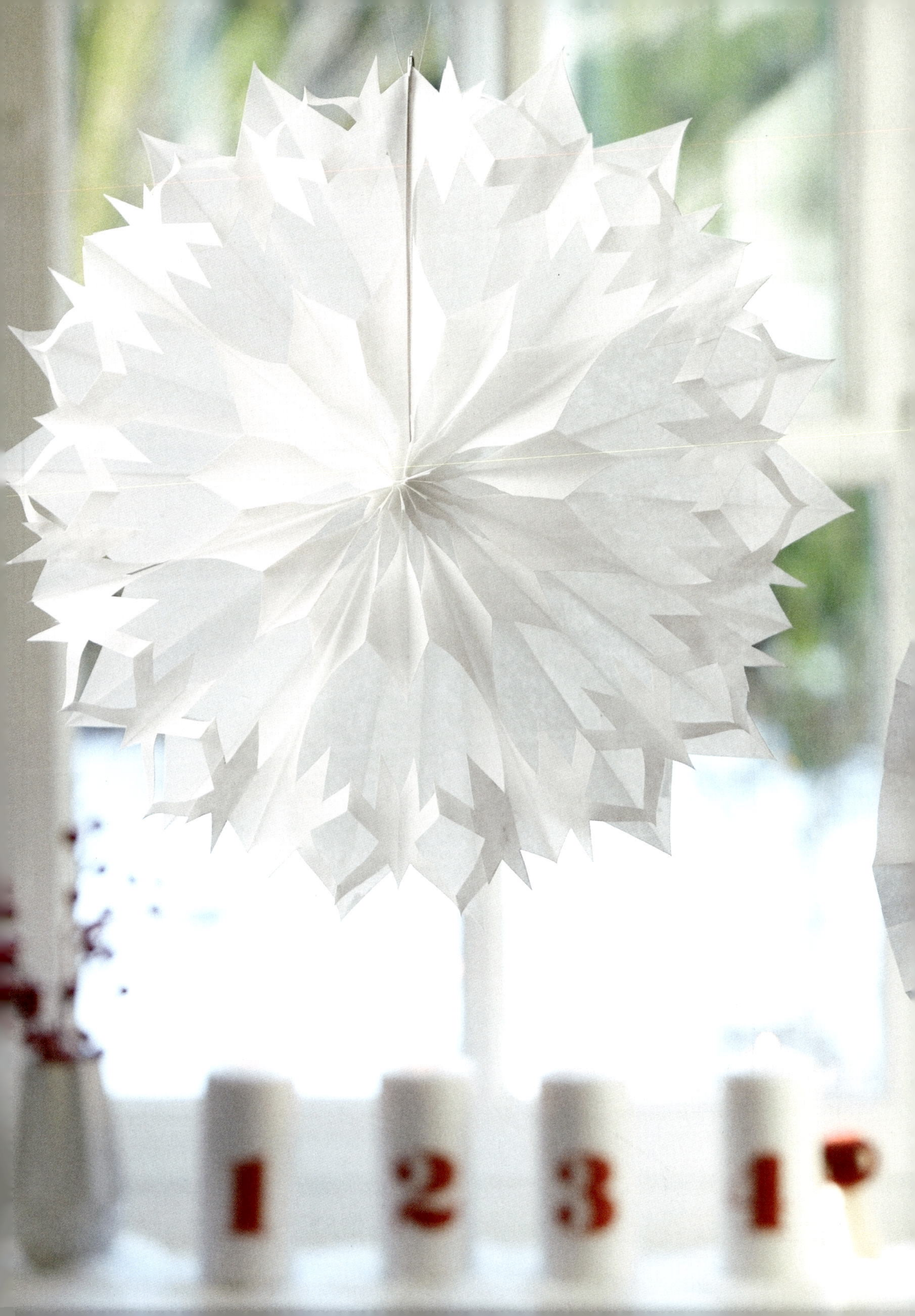
1
2
3
4

Impressum

Fotos: Roland Krieg
Styling: Elke Reith
Arbeitsfotos: Rosemarie Mächel
Umschlaggestaltung: GrafikwerkFreiburg
Satz: Dobrunz, Atelier für Werbung
Repro: RTK & SRS mediagroup GmbH
Printed in Poland by CGS Printing

★ ★ ★ ★ ★

Sind Sie mit diesem Titel zufrieden? Dann würden wir uns über Ihre Weiterempfehlung freuen. Erzählen Sie es im Freundeskreis, berichten Sie Ihrem Buchhändler oder bewerten Sie bei Onlinekauf. Und wenn Sie Kritik, Korrekturen, Aktualisierungen haben, freuen wir uns über Ihre Nachricht an Christian Verlag, Postfach 40 02 09, D-80702 München oder per E-Mail an lektorat@verlagshaus.de.

Unser komplettes Programm finden Sie unter

www.christophorus-verlag.de

Herstellerverzeichnis

www.boerdepack.de

Die Deutsche Nationalbibliothek verzeichnet diese Publikation in der Deutschen Nationalbibliografie; detaillierte bibliografische Daten sind im Internet über http://dnb.d-nb.de abrufbar.

15. Auflage 2025

ISBN 978-3-8388-3627-0

Kreativ-Service

Sie haben Fragen zu unseren Büchern und Materialien? Wir beraten Sie gern rund um alle Kreativthemen.
Rufen Sie uns einfach an. Wir interessieren uns auch für Ihre eigenen Ideen und Anregungen.
Sie erreichen uns per E-Mail: **kreativ-service@c-verlag.de** oder Telefonnummer: **0049-89-1306 99 577**.

Besuchen Sie uns im Internet: www.christophorus-verlag.de & www.selbstgemacht.de